JN085585

会社別就活ハンドブックシリーズ

2025

グリーの
就活ハンドブック

就職活動研究会 編
JOB HUNTING BOOK

は じ め に

　2021年春の採用から，1953年以来続いてきた，経団連（日本経済団体連合会）の加盟企業を中心にした「就活に関するさまざまな規定事項」の規定が，事実上廃止されました。それまで卒業・修了年度に入る直前の3月以降になり，面接などの選考は6月であったものが，学生と企業の双方が活動を本格化させる時期が大幅にはやまることになりました。この動きは2022年春そして2023年春へと続いております。

　また新型コロナウイルス感染者の増加を受け，新卒採用の活動に対してオンラインによる説明会や選考を導入した企業が急速に増加しました。採用環境が大きく変化したことにより，どのような場面でも対応できる柔軟性，また非接触による仕事の増加により，傾聴力というものが新たに求められるようになりました。

　『会社別就職ハンドブックシリーズ』は，いわゆる「就活生向け人気企業ランキング」を中心に，当社が独自にセレクトした上場している一流・優良企業の就活対策本です。面接で聞かれた質問にはじまり，業界の最新情報，さらには上場企業の株主向け公開情報である有価証券報告書の分析など，企業の多角的な判断・研究材料をふんだんに盛り込みました。加えて，地方の優良といわれている企業もラインナップしています。

　思い込みや憧れだけをもってやみくもに受けるのではなく，必要な情報を収集し，冷静に対象企業を分析し，エントリーシート作成やそれに続く面接試験に臨んでいただければと思います。本書が，その一助となれば幸いです。

　この本を手に取られた方が，志望企業の内定を得て，輝かしい社会人生活のスタートを切っていただけるよう，心より祈念いたします。

就職活動研究会

Contents

第1章

グリーの会社概況

会社によって選考方法は千差万別。面接で問われる内容や採用スケジュールもバラバラだ。採用試験ひとつとってみても，その会社の社風が表れていると言っていいだろう。ここでは募集要項や面接内容について過去の事例を収録している。

また，志望する会社を数字の面からも多角的に研究することを心がけたい。

✔ 企業理念

■ Mission（存在意義）

インターネットを通じて、世界をより良くする。

「インターネットを通じて、世界をより良くする。」

そんな使命感と情熱の中でグリーは始まりました。その始まりの日から、インターネットの新たな可能性を開拓しより早くより多くの人に提供するために、行動を続けています。

新しい挑戦は常に成功するものではありません。しばしば結果の出ないこともあります。それでもなお、そこに少しでも可能性がある限り、挑戦をやめることはありません。

インターネットが世の中に与える変化は、まだ始まったばかりです。いくつもの可能性が、未だ可能性のまま残されています。グリーはこれらの可能性を実現すべく、使命感と情熱を行動に移します。

より楽しく幸せな毎日のために。より効率的で自由公平な社会のために。

インターネットを通じて、世界をより良くするために。

■ Vision（目指す姿）

毎日を楽しく幸せに、社会を自由で効率的に。

インターネットは単にものごとを速く・便利にするだけではありません。

我々はメールや SNS を通じ、インターネットが登場する以前よりはるかに多くの家族や友人、大切な人たちと心を通わせる事ができます。また旧弊な体制に縛られること無く多種多様な情報に自らアクセスし、考え、判断し、新たな一歩を踏み出す事ができるようになっています。

我々はインターネットサービスを通じて人々が過ごす毎日をより楽しく幸せに、私たちの社会をもっと自由で効率的にしていく事を使命としています。

新しいサービスをより早く、より多くの人へ。

インターネットの普及はそれまで不可能とされた多くのことを可能にし、人々の生活や社会に大きな影響を与えてきました。今ではもう、Web やメールが無い時代などは想像もできない過去となりつつあります。

しかし、インターネットが世の中に与える変化はまだ始まったばかりです。多くの可能性が実現されずに未だ可能性のまま残されています。

それを 1 つでも多くサービスという形で生みだし、それを通じて 1 秒でも早く世の中を変え、それを 1 人でも多くの人に利用してもらいたい。

我々は、そこに使命を感じ、情熱をかけて取り組んでいます。

素晴らしいサービスを生み出すために素晴らしい会社を作る。

どんな革新的なアイデア、優れた技術、豊富な資金があっても、1 人ではそれを実現できないことを我々は知っています。多くの仲間が集まり、苦難を乗り越える中で練り上げられる素晴らしいチームがあってこそ、素晴らしいサービスは生み出されるのです。

素晴らしい会社を作ることは、素晴らしいサービスを作るための第一歩です。

多少の語弊を恐れずに言うならば、我々は全ての人の要求に応えられるような「素晴らしい会社」を目指しているわけではありません。作ったサービスが誰からも否定されることもあるでしょう。

✔ 会社データ

事業内容	ゲーム・アニメ事業 メタバース事業 DX事業 コマース事業 マンガ事業 投資事業
設立	2004年12月7日
代表者	代表取締役会長兼社長　田中 良和
本社所在地	〒106-0032 東京都港区六本木6-11-1 六本木ヒルズゲートタワー
従業員数	1,667人（グループ全体・2023年9月末現在）

✔ 仕事内容

エンジニア

グリー流ものづくりの原動力はエンジニアです。私たちは「アイデアは形にしないと意味がない」という考えを大切にしています。前例の無いことがたくさんある中で、「とりあえず、作ってみる」ことができる人。企画やデザインにも深く関わり、エンジニアの役割を超えて活躍したい人。ものづくり、テクノロジーがとにかく好きな人。そんなエンジニアからのご応募をお待ちしています。

クライアント

スマートフォンゲームやバーチャルライブ配信アプリなどの iOS/Android 向けのクライアントアプリケーションの開発／運用を担当していただきます。新機能の企画／開発や開発効率を上げるためのツール開発や環境構築など、プランナーやデザイナーと共にお客さまと向き合いながら、ユーザー体験を最大化するための設計から開発まで行います。エンジニア出身のプロデューサーもおり、将来、数百万人が利用するプロダクトの生みの親になれるチャンスがあります。

サーバーサイド

スマートフォンゲームやバーチャルライブ配信アプリなどのバックエンドシステム全体の構築を担当していただきます。リアルタイム通信やクライアントサイドのシステム動作を含めたシステム全体の設計、インフラや DevOps の設計／構築まで含めた幅広い業務を行います。世界中どこでも安定してプロダクトを利用できるよう、お客さまに向き合いながら日々仕事に取り組みます。

データサイエンス

ゲーム・アニメ、メタバース、DX・コマースなど事業領域に関わらず、機械学習をはじめとしたさまざまな分野の専門的知見や技術を応用しながら、最適化に取り組みます。スケールのあるデータエンジニアリングと最先端の開発ができる理想的な環境で、プロダクトをより良く運営することに貢献できます。

インフラ

大規模サーバ・ネットワーク・データベース等のインフラ構築・管理や、独自

のフレームワーク、ライブラリ、ミドルウェアなどの開発を担当していただきます。業界屈指の優秀な仲間と共に、裁量権を持って働くことができます。サービス側のコードを解析して修正提案を行ったりしながら、プロダクト開発側のサポートに入るなど、多様なキャリアを積んで、技術の守備範囲を広げられます。

ビジネス

グリーの事業拡大をリードするビジネス職では、新たなビジネスを創造していく新規事業企画や、サービスをグロースさせるプロダクトマネージャー、大規模プロモーションを実践するマーケティング、ビジネスの成長を支援するセールス、全社視点で事業の競争力を高めていく管理部門など、さまざまな活躍の場を用意しています。 上記以外にも多岐に渡るミッションがあります。強い意志を持ち、前向きに考えぬき、成功するまでやり続けることができる方のご応募をお待ちしています。

新規事業企画

事業企画の立案、マーケット分析、事業計画の策定、サービス開発、ローンチ後の運用全般など、さまざまな業務を担当します。まだインターネット化されていない領域に、インターネットを通じて革新を起こし、新たな事業の柱を生み出します。新規事業立ち上げの経験を通じて、経営者としてのキャリアも目指せます。

セールス

グリーグループが運営するバーティカルメディア、アドテクノロジー、マーケティングテクノロジー。長年のウェブ、アプリ、SNS 等の運用で培ったあらゆるアセットを活用し、クライアントの売上やプロモーション、ブランディングにおける課題解決を手段とし、ビジネスの成長を支援する企画提案営業です。

IP プロデューサー

プロデューサーとして魅力的な IP の創出と獲得を目指してビジネス展開を行います。
すでにアニメ化された IP のゲーム化の企画・営業・交渉や、より魅力的な原作を発掘するための市場調査やマーケティング、自らアニメ製作委員会に投資を行い IP 創出を試みたりと、ビジネスディベロップメントとして、IP の魅力を最大化し世界中のファンに驚きと楽しさを届けます。

プロダクトマネージャー

メタバース、DX、コマース事業を中心に、プロダクトの開発プロセスを担っていただきます。世の中のニーズやトレンドを分析し、サービスに必要な新企画や新機能を実現する仕様を設計し、エンジニア、デザイナー、ビジネスとともに実現してもらいます。

マーケティング

マーケティングのノウハウを駆使しながら、テレビ CM やコラボ企画といったプロモーション戦略を立案します。前例の無いことにも挑戦し、試行錯誤を繰り返しながら、プロダクトの認知拡大を推進します。

データアナリスト

ゲーム、メタバース、DX 事業を中心に、データに基づいたビジネス課題の解決を行います。機械学習をはじめとしたさまざまな分野の専門的知見を活用しながら、事業の成功を左右する重要な意識決定を支援し、社内外のビジネスの成長を実現してもらいます。

コーポレート

経営企画や IR、法務、経理・財務、広報、総務、人事など全社の舵取りを担う経営のプロフェッショナルとして、次の 10 年を作るための経営戦略の立案・推進に関わる業務を担当します。

ゲームプランナー

グリーのゲームプランナーの醍醐味は、自らのアイデアで数百万人規模のファンを世界中に創出し、ヒットタイトルの当事者になれるチャンスがあることです。ゲームが好きでたまらない人。個人プレイではなくチームプレイを尊重できる人。愚直なまでにトライ&エラーを続けられる人。何よりも「自分の企画で世界を変えたい」という強い思いを持った方のご応募をお待ちしています。

ディレクター

新規 / 運営中タイトルの開発責任者として、ゲームコンセプトや開発チーム全体のマネジメントを行い、アート、ストーリー、サウンドなど、クリエイティブ面の総合ディレクションをします。

ゲームデザイナー

新規 / 運営中タイトルのシナリオ、演出、ゲームシステムやレベルデザインな

ど、他職種にまたがる開発業務の制作進行管理を行います。

デザイナー

グリーには、コンセプトアート、UI デザイン、アニメーション、3D モデルなど、さまざまな分野を専門とするデザイナーがいます。自らの仕事や能力の領域に縛られない柔軟性と「ものづくりへのこだわり」を持ち、諦めずに最後までやりぬくデザイナーからのご応募をお待ちしています。

ゲームクリエイティブ

ゲーム開発において、2D/3D 関わらず、コンセプトアート、UI デザイン、アニメーション、エフェクトなど、さまざまな領域で作品の世界感を構築してもらいます。

デザイナー

グリーのインターネットサービスに関するあらゆるクリエイティブを作成します。

お客さまにとってより使いやすく魅力的なサービスをお届けするために、最適な情報設計や魅力的な世界観を追求しながらデザインします。

✔ 募集要項

掲載している情報は過去ものです。
最新の情報は各企業のHP等を確認してください。

募集職種	■エンジニア クライアント／サーバーサイド／データサイエンス／インフラ ■ビジネス 新規事業企画／セールス／IPプロデューサー／プロダクトマネージャーマーケティング／データアナリスト／データアナリスト／コーポレート ■ゲームプランナー ディレクター／ゲームデザイナー ■デザイナー ゲームクリエイティブ／デザイナー
給与	■エンジニア 学部卒　4,800,000円〜＋賞与 院卒　　5,100,000円〜＋賞与 ■ビジネス／ゲームプランナー／デザイナー 学部卒　4,200,000円〜＋賞与 院卒　　4,500,000円〜＋賞与 ※実績と能力に応じて個別に対応いたします
対象	専門学校、高等専門学校、大学、大学院を2025年3月に卒業見込みの方
諸手当	交通費支給（月額上限5万円）
給与改定	年2回（2月・8月）
賞与	年2回（2月・8月）
勤務時間	9：30〜18：30
勤務地	本社
休日休暇	完全週休2日制（土・日）、祝祭日、年次有給休暇（入社3カ月後に10日間付与）、夏季休暇、年末年始休暇、慶弔休暇等
各種保険	健康保険、厚生年金、雇用保険、労災保険

福利厚生制度	グリーグループではすべての従業員が安心して仕事に集中できるよう、様々なプログラムを提供しています。 ■GREE Family Support(ファミリー在宅／ファミリー休暇／ベビーシッター補助／時短／時差出勤) ■GREE Lifestyle Support（ドリンク補助／従業員持株会／企業型確定拠出年金／社内マッサージ） ■GREE Team Building Support（チームビルディング／公式クラブ活動／社員交流イベント）
成長支援制度	グリーグループでは従業員がお互いに切磋琢磨し合い、一人ひとりの高い成長を実現するために「挑戦できる」、「成長できる」、「称えあえる」、「社会貢献できる」という4つのキーワードに基づき、様々な成長支援制度を導入し、多様な人材が活躍できる職場環境づくりに取り組んでいます。今後も従業員の成長を支援することで、人的資本の観点から当社の目指す姿の実現や持続的な成長を推進していきます。

✔ 就活生情報

競合他社を受けることで多面的に理解するようにしました

総合職 2014卒

エントリーシート
・形式：採用ホームページから記入
・内容：学生時代に力を入れたこと

セミナー
・選考とは無関係
・服装：リクルートスーツ
・内容：事業紹介と採用コンセプト

筆記試験
・形式：Webテスト
・科目：数学，算数／国語，漢字

面接（個人・集団）
・雰囲気：和やか
・回数：5回
・質問内容：学生時代に力を入れたこと

内定
・拘束や指示：特になし
・通知方法：電話
・タイミング：予定より早い

● その他受験者からのアドバイス
・逆質問の時間を長く取られる。
・何を質問できるかが重要視されていると感じた。

プログラミング経験，開発実績，語学力，仕事で成し遂げたいことなどが聞かれました。

エンジニア 2013卒

エントリーシート
・形式：採用ホームページから記入
・内容：学生時代にもっとも力を入れて取り組んだこと

セミナー
・選考とは無関係
・服装：リクルートスーツ
・内容：社員との座談会や逆質問，事業説明

筆記試験
・形式：Webテスト
・科目：SPI（数学，算数／国語，漢字／性格テスト）

面接（個人・集団）
・雰囲気：和やか
・回数：5回
・一次面接はESに沿った内容。
・二次面接は技術的な質問と持参した自分の成果物に対する質問。
・最終面接は深い技術的な質問とその場で与えられた課題に対するコードをその場で書くよう言われた。

内定
・拘束や指示：内々定時に全ての内定と選考を辞退するよう指示があった
・通知方法：電話
・タイミング：予定通り

● その他受験者からのアドバイス
・よかった点は，技術をよく見ていただけた
・よくなかった点は，内々定の時点での拘束が激しく2週間以内に返答しなければならないこと

✔ 有価証券報告書の読み方

01 部分的に読み解くことからスタートしよう

　「有価証券報告書（以下，有報）」という名前を聞いたことがある人も少なくはないだろう。しかし，実際に中身を見たことがある人は決して多くはないのではないだろうか。有報とは上場企業が年に1度作成する，企業内容に関する開示資料のことをいう。開示項目には決算情報や事業内容について，従業員の状況等について記載されており，誰でも自由に見ることができる。

　一般的に有報は，証券会社や銀行の職員，または投資家などがこれを読み込み，その後の戦略を立てるのに活用しているイメージだろう。その認識は間違いではないが，だからといって就活に役に立たないというわけではない。就活を有利に進める上で，お得な情報がふんだんに含まれているのだ。ではどの部分が役に立つのか，実際に解説していく。

■有価証券報告書の開示内容

　では実際に，有報の開示内容を見てみよう。

有価証券報告書の開示内容

第一部【企業情報】
　第1　【企業の概況】
　第2　【事業の状況】
　第3　【設備の状況】
　第4　【提出会社の状況】
　第5　【経理の状況】
　第6　【提出会社の株式事務の概要】
　第7　【提出会社の状参考情報】
第二部【提出会社の保証会社等の情報】
　第1　【保証会社情報】
　第2　【保証会社以外の会社の情報】
　第3　【指数等の情報】

有報は記載項目が統一されているため，どの会社に関しても同じ内容で書かれている。このうち就活において必要な情報が記載されているのは，第一部の第1【企業の概況】～第5【経理の状況】まで，それ以降は無視してしまってかまわない。

02 企業の概況の注目ポイント

　第1【企業の概況】には役立つ情報が満載。そんな中，最初に注目したいのは，冒頭に記載されている【主要な経営指標等の推移】の表だ。

回次		第25期	第26期	第27期	第28期	第29期
決算年月		平成24年3月	平成25年3月	平成26年3月	平成27年3月	平成28年3月
営業収益	（百万円）	2,532,173	2,671,822	2,702,916	2,756,165	2,867,199
経常利益	（百万円）	272,182	317,487	332,518	361,977	428,902
親会社株主に帰属する当期純利益	（百万円）	108,737	175,384	199,939	180,397	245,309
包括利益	（百万円）	109,304	197,739	214,632	229,292	217,419
純資産額	（百万円）	1,890,633	2,048,192	2,199,357	2,304,976	2,462,537
総資産額	（百万円）	7,060,409	7,223,204	7,428,303	7,605,690	7,789,762
1株当たり純資産額	（円）	4,738.51	5,135.76	5,529.40	5,818.19	6,232.40
1株当たり当期純利益	（円）	274.89	443.70	506.77	458.95	625.82
潜在株式調整後1株当たり当期純利益	（円）	—	—	—	—	—
自己資本比率	（％）	26.5	28.1	29.4	30.1	31.4
自己資本利益率	（％）	5.9	9.0	9.5	8.1	10.4
株価収益率	（倍）	19.0	17.4	15.0	21.0	15.5
営業活動によるキャッシュ・フロー	（百万円）	558,650	588,529	562,763	622,762	673,109
投資活動によるキャッシュ・フロー	（百万円）	△370,684	△465,951	△474,697	△476,844	△499,575
財務活動によるキャッシュ・フロー	（百万円）	△152,428	△101,151	△91,367	△86,636	△110,265
現金及び現金同等物の期末残高	（百万円）	167,525	189,262	186,057	245,170	307,809
従業員数 ［ほか，臨時従業員数］	（人）	71,729 [27,746]	73,017 [27,312]	73,551 [27,736]	73,329 [27,313]	73,053 [26,147]

　見慣れない単語が続くが，そう難しく考える必要はない。特に注意してほしいのが，**営業収益**，**経常利益**の二つ。営業収益とはいわゆる**総売上額**のことであり，これが企業の本業を指す。その営業収益から営業費用（営業費（販売費＋一般管理費）＋売上原価）を差し引いたものが**営業利益**となる。会社の業種はなんであれ，モノを顧客に販売した合計値が営業収益であり，その営業収益から人件費や家賃，広告宣伝費などを差し引いたものが営業利益と覚えておこう。対して経常利益は営業利益から本業以外の損益を差し引いたもの。いわゆる金利による収益や不動産収入などがこれにあたり，本業以外でその会社がどの程度の力をもっているかをはかる絶好の指標となる。

■会社のアウトラインを知れる情報が続く。

　この主要な経営指標の推移の表につづいて，「会社の沿革」，「事業の内容」，「関係会社の状況」「従業員の状況」などが記載されている。自分が試験を受ける企業のことを，より深く知っておくにこしたことはない。会社がどのように発展してきたのか，主としている事業はどのようなものがあるのか，従業員数や平均年齢はどれくらいなのか，志望動機などを作成する際に役立ててほしい。

03 事業の状況の注目ポイント

　第2となる【事業の状況】において，最重要となるのは**業績等の概要**といえる。ここでは1年間における収益の増減の理由が文章で記載されている。「○○という商品が好調に推移したため，売上高は△△になりました」といった情報が，比較的易しい文章で書かれている。もちろん，損失が出た場合に関しても包み隠さず記載してあるので，その会社の1年間の動向を知るための格好の資料となる。

　また，業績については各事業ごとに細かく別れて記載してある。例えば鉄道会社ならば，①運輸業，②駅スペース活用事業，③ショッピング・オフィス事業，④その他といった具合だ。**どのサービス・商品がどの程度の売上を出したのか**，会社の持つ展望として，今後**どの事業をより活性化**していくつもりなのか，などを意識しながら読み進めるとよいだろう。

■「対処すべき課題」と「事業等のリスク」

　業績等の概要と同様に重要となるのが，「**対処すべき課題**」と「**事業等のリスク**」の2項目といえる。ここで読み解きたいのは，その会社の**今後の伸びしろ**について。いま，会社はどのような状況にあって，どのような課題を抱えているのか。また，その課題に対して取られている対策の具体的な内容などから経営方針などを読み解くことができる。リスクに関しては法改正や安全面，他の企業の参入状況など，会社にとって決してプラスとは言えない情報もつつみ隠さず記載してある。客観的にその会社を再評価する意味でも，ぜひ目を通していただきたい。

　次代を担う就活生にとって，ここの情報はアピールポイントとして組み立てやすい。「新事業の○○の発展に際して……」，「御社が抱える●●というリスクに対して……」などという発言を面接時にできれば，面接官の心証も変わってくるはずだ。

最後に注目したいのが，第5【経理の状況】だ。ここでは，簡単にいえば【主要な経営指標等の推移】の表をより細分化した表が多く記載されている。ここの情報をすべて理解するのは，簿記の知識がないと難しい。しかし，そういった知識があまりなくても，読み解ける情報は数多くある。例えば**損益計算書**などがそれに当たる。

連結損益計算書

(単位：百万円)

	前連結会計年度 (自 平成26年4月1日 至 平成27年3月31日)	当連結会計年度 (自 平成27年4月1日 至 平成28年3月31日)
営業収益	2,756,165	2,867,199
営業費		
運輸業等営業費及び売上原価	1,806,181	1,841,025
販売費及び一般管理費	※1 522,462	※1 538,352
営業費合計	2,328,643	2,379,378
営業利益	427,521	487,821
営業外収益		
受取利息	152	214
受取配当金	3,602	3,703
物品売却益	1,438	998
受取保険金及び配当金	8,203	10,067
持分法による投資利益	3,134	2,565
雑収入	4,326	4,067
営業外収益合計	20,858	21,616
営業外費用		
支払利息	81,961	76,332
物品売却損	350	294
雑支出	4,090	3,908
営業外費用合計	86,403	80,535
経常利益	361,977	428,902
特別利益		
固定資産売却益	※4 1,211	※4 838
工事負担金等受入額	※5 59,205	※5 24,487
投資有価証券売却益	1,269	4,473
その他	5,016	6,921
特別利益合計	66,703	36,721
特別損失		
固定資産売却損	※6 2,088	※6 1,102
固定資産除却損	※7 3,957	※7 5,105
工事負担金等圧縮額	※8 54,253	※8 18,346
減損損失	※9 12,738	※9 12,297
耐震補強重点対策関連費用	8,906	10,288
災害損失引当金繰入額	1,306	25,085
その他	30,128	8,537
特別損失合計	113,379	80,763
税金等調整前当期純利益	315,300	384,860
法人税、住民税及び事業税	107,540	128,972
法人税等調整額	26,202	9,326
法人税等合計	133,742	138,298
当期純利益	181,558	246,561
非支配株主に帰属する当期純利益	1,160	1,251
親会社株主に帰属する当期純利益	180,397	245,309

　主要な経営指標等の推移で記載されていた**経常利益**の算出する上で必要な営業外収益などについて，詳細に記載されているので，一度目を通しておこう。

　いよいよ次ページからは実際の有報が記載されている。ここで得た情報をもとに有報を確実に読み解き，就職活動を有利に進めよう。

✔ 有価証券報告書

※抜粋

企業の概況

1 主要な経営指標等の推移

（1） 連結経営指標等 ‥‥‥‥‥‥‥‥‥‥‥‥‥‥‥‥‥‥‥‥‥‥

回次		第15期	第16期	第17期	第18期	第19期
決算年月		2019年6月	2020年6月	2021年6月	2022年6月	2023年6月
売上高	（百万円）	70,936	62,665	63,210	74,906	75,440
経常利益	（百万円）	5,725	4,219	11,098	14,106	13,086
親会社株主に帰属する当期純利益	（百万円）	3,485	2,709	13,533	10,121	9,278
包括利益	（百万円）	3,311	5,953	17,960	7,741	5,710
純資産額	（百万円）	110,669	113,406	120,212	90,930	92,549
総資産額	（百万円）	122,490	126,492	141,389	116,730	124,806
1株当たり純資産額	（円）	478.50	496.30	567.43	521.76	539.35
1株当たり当期純利益金額	（円）	14.81	11.79	61.44	54.58	54.07
潜在株式調整後1株当たり当期純利益金額	（円）	14.77	11.75	61.21	54.01	53.47
自己資本比率	（％）	89.9	89.3	84.6	77.4	73.7
自己資本利益率	（％）	3.1	2.4	11.6	9.6	10.2
株価収益率	（倍）	33.83	39.19	9.57	15.10	11.80
営業活動によるキャッシュ・フロー	（百万円）	7,258	2,032	6,846	13,218	4,590
投資活動によるキャッシュ・フロー	（百万円）	△3,576	4,204	4,217	△5,299	△439
財務活動によるキャッシュ・フロー	（百万円）	△6,459	△3,751	△4,013	△37,516	3,264
現金及び現金同等物の期末残高	（百万円）	84,472	87,018	94,824	66,624	74,293
従業員数〔外、平均臨時雇用者数〕	（名）	1,685〔1,391〕	1,649〔1,361〕	1,543〔1,069〕	1,560〔1,080〕	1,610〔1,166〕

（注） 1. 従業員数は就業人員であり、臨時雇用者数（常駐の委託社員を含む）は、年間の平均人員を〔 〕内に外数で記載しております。

2. 1株当たり当期純利益金額及び潜在株式調整後1株当たり当期純利益金額の算定における期中平均株式数については、株式付与ESOP信託口及び役員報酬BIP信託口が所有する当社株式を連結貸借対照表において自己株式として表示していることから、当該株式の数を控除しております。

（point） **主要な経営指標等の推移**

数年分の経営指標の推移がコンパクトにまとめられている。見るべき箇所は連結の売上，利益，株主資本比率の3つ。売上と利益は順調に右肩上がりに伸びているか，逆に利益で赤字が続いていたりしないかをチェックする。株主資本比率が高いとリーマンショックなど景気が悪化したときなどでも経営が傾かないという安心感がある。

3. 第18期の期首より、「収益認識に関する会計基準」（企業会計基準第29号2020年3月31日）等を適用しており、第18期に係る主要な経営指標等については、当該会計基準等を適用した後の指標等となっております。
4. 第18期の期首より、投資・インキュベーション事業に係る収益及び費用等の処理方法に係る会計方針の変更を行っており、第17期の主な経営指標等については、当該会計方針の変更を反映し、遡及適用後の指標等となっております。

(2) 提出会社の経営指標等 ···

回次		第15期	第16期	第17期	第18期	第19期
決算年月		2019年6月	2020年6月	2021年6月	2022年6月	2023年6月
売上高	（百万円）	45,666	39,371	22,560	14,919	11,949
経常利益	（百万円）	5,517	4,233	8,810	7,732	5,218
当期純利益	（百万円）	410	3,107	12,115	5,984	2,958
資本金	（百万円）	2,362	2,367	100	100	100
発行済株式総数	（株）	242,231,200	242,249,700	242,249,700	179,749,700	179,749,700
純資産額	（百万円）	108,683	111,781	116,703	83,155	61,701
総資産額	（百万円）	117,034	122,251	135,373	101,270	92,514
1株当たり純資産額	（円）	470.11	489.33	551.02	447.20	358.89
1株当たり配当額 （うち1株当たり中間配当額）	（円）	10.00 （－）	10.00 （－）	12.50 （－）	11.00 （－）	11.00 （－）
1株当たり当期純利益金額	（円）	1.74	13.52	55.00	32.27	17.24
潜在株式調整後1株当たり 当期純利益金額	（円）	1.74	13.47	54.79	31.93	17.05
自己資本比率	（％）	92.5	91.1	85.8	81.6	66.2
自己資本利益率	（％）	0.4	2.8	10.6	6.0	4.1
株価収益率	（倍）	287.93	34.17	10.69	25.53	37.01
配当性向	（％）	574.7	74.0	22.7	34.1	63.8
従業員数 〔外、平均臨時雇用者数〕	（名）	726 〔738〕	718 〔770〕	399 〔489〕	365 〔466〕	363 〔484〕
株主総利回り （比較指標：配当込みTOPIX）	（％）	86.2 （91.8）	81.3 （94.6）	104.6 （120.5）	146.3 （118.8）	116.8 （149.3）
最高株価	（円）	637	557	648	1,285	946
最低株価	（円）	384	341	435	573	628

(注) 1. 従業員数は就業人員であり、臨時雇用者数（常駐の委託社員を含む）は、年間の平均人員を〔　〕内に外数で記載しております。

2. 1株当たり当期純利益金額及び潜在株式調整後1株当たり当期純利益金額の算定における期中平均株式数については、株式付与ESOP信託口及び役員報酬BIP信託口が所有する当社株式を貸借対照表において自己株式として表示していることから、当該株式の数を控除しております。
3. 最高株価及び最低株価は、2022年4月4日より東京証券取引所（プライム市場）におけるものであり、それ以前は東京証券取引所（市場第一部）におけるものであります。
4. 第18期の期首より、「収益認識に関する会計基準」（企業会計基準第29号2020年3月31日）等を適用しており、第18期に係る主要な経営指標等については、当該会計基準等を適用した後の指標等となっております。
5. 第18期の期首より、投資・インキュベーション事業に係る収益及び費用等の処理方法に係る会計方針の変更を行っており、第17期の主な経営指標等については、当該会計方針の変更を反映し、遡及適用後の指標等となっております。

2 沿革

年月	沿革
2004年12月	・東京都港区白金台にグリー株式会社を設立（資本金1,000万円）
2005年2月	・グリー株式会社（東京都港区）を存続会社として、グリー株式会社（東京都三鷹市）を吸収合併
2005年2月	・本社を東京都港区六本木五丁目に移転
2005年7月	・本社を東京都港区六本木四丁目に移転
2006年11月	・KDDI株式会社と共同で、auユーザー向けソーシャル・ネットワーキング・サービス「EZ GREE」（現「GREE」）の提供を開始
2007年2月	・モバイル版「GREE」が、株式会社エヌ・ティ・ティ・ドコモ（現株式会社NTTドコモ）の「iモード」において公式サービスとなる
2007年2月	・本社を東京都港区六本木三丁目に移転
2007年4月	・「EZ GREE」（現「GREE」）にて有料課金サービス提供開始
2007年5月	・iモードユーザー向けモバイル版「GREE」にて有料課金サービス提供開始
2007年8月	・モバイル版「GREE」が、ソフトバンクモバイル株式会社の「Yahoo！ケータイ」において公式サービスとなる
2008年3月	・本社を東京都港区六本木四丁目に移転
2008年8月	・Yahoo！ケータイユーザー向けモバイル版「GREE」にて有料課金サービス提供開始
2008年12月	・東京証券取引所マザーズに株式を上場
2010年6月	・東京証券取引所市場第一部に市場変更
2010年6月	・GREE Platformサービス提供開始
2010年7月	・本社を東京都港区六本木六丁目に移転

2010年12月	・「GREE Platform for Smartphone」サービス提供開始
2011年1月	・米国におけるインターネット事業を行うため，米国子会社GREE International, Inc.を設立
2011年1月	・インターネット広告事業を行うため，株式会社アトランティス（現：Glossom 株式会社）を子会社化
2011年4月	・米国におけるインターネット事業強化のため，OpenFeint Inc.を子会社化
2012年5月	・ソーシャルゲームの開発力強化のため，Funzio, Inc.を子会社化
2012年10月	・ソーシャルゲームの開発力強化のため，株式会社ポケラボを子会社化
2014年2月	・ソーシャルゲームの開発力強化のため，株式会社Wright Flyer Studiosを設立
2015年5月	・米国子会社Open FeintInc.を清算
2015年10月	・ゲーム運営事業へ本格参入のため，ファンプレックス株式会社（現：グリー エンターテイメント株式会社）を設立
2016年8月	・米国子会社GREE International Entertainment, Inc.を設立し，GREE International, Inc.の事業を引き継ぎ
2017年2月	・動画を主軸とした広告・メディア事業に注力するため，株式会社3ミニッツ を子会社化
2018年3月	・おでかけメディア「aumo」を運営するアウモ株式会社を設立
2018年4月	・メタバース事業を運営する株式会社Wright Flyer Live Entertainment（現： REALITY株式会社）を設立
2018年5月	・米国子会社GREE International Entertainment, Inc.を清算
2018年8月	・株式会社Wright Flyer Live Entertainment（現：REALITY株式会社），世 界初のVTuber専用ライブ配信プラットフォーム「REALITY」提供開始
2019年1月	・「ARINE」や「WOOZ」などを運営するグリーライフスタイル株式会社を設立
2020年7月	・当社ゲーム事業におけるWright Flyer Studios事業を当社完全子会社である 株式会社WFSに吸収分割
2020年9月	・監査等委員会設置会社へ移行
2021年7月	・当社ゲーム事業におけるスマートフォンゲーム事業及びライセンス事業を， 当社の完全子会社であるファンプレックス株式会社に吸収分割，ファンプレッ クス株式会社はグリーエンターテインメント株式会社に社名変更
2022年3月	・当社及び一部グループ会社が，本社を六本木ヒルズゲートタワーへ移転
2022年7月	・Web3事業を展開するBLRD PTE. LTD.を設立
2022年10月	・デジタルマーケティング活動を支援するQUANT株式会社を設立
2023年1月	・VTuber事業を展開するREALITY Studios株式会社を設立
2023年1月	・メタバース事業において法人向け事業を展開するREALITY XR cloud株式会 社を設立

(point) 沿革

　どのように創業したかという経緯から現在までの会社の歴史を年表で知ることができ
る。過去に行った重要なM＆Aなどがいつ行われたのか，ブランド名はいつから使わ
れているのか，いつ頃から海外進出を始めたのか，など確認することができて便利だ。

当社及び当社の連結子会社25社の計26社で構成され，インターネット・エンタメ事業及び投資・インキュベーション事業を展開しております。

（1） インターネット・エンタメ事業・・・

インターネット・エンタメ事業の収益構成は，その大半がゲーム事業の有料課金収入であります。具体的には，「GREE」やスマートフォンゲーム等は原則として無料でサービスを提供しておりますが，優位性やより高い利便性，オリジナリティを得られるアイテム等を一部有料でユーザーに提供しております。

① ゲーム・アニメ事業

当社グループは，当社において運営する「GREE」及びWFS，ポケラボ，グリーエンターテインメントで各種スマートフォンゲームの運営・開発を行い，多数の人気タイトルを国内およびグローバルに配信しております。また，アニメ製作委員会への参加や原作の開発を行い，ゲーム展開をはじめとした国内外での事業開発や作品のグローバル展開など，国内外問わず長期にわたって愛されるIPの創出・開発・プロデュースを行っております。

② メタバース事業

当社グループは，個人ユーザー向けにスマートフォン向けメタバース「REALITY」の提供や，多彩なタレントをプロデュースするVTuber事業，法人向けに3DCGやXRテクノロジーを活用したメタバース構築プラットフォーム「REALITY XR cloud」の運営等を行っております。

③ DX事業

当社グループは，クライアント企業のDX支援に取り組んでおります。長期に渡りインターネット事業を展開する当社グループだからこそできる，経験に基づく有効な施策提案を行い，クライアント企業の進化に伴走し，より良い未来の実現を目指しております。

④ コマース事業

当社グループは，おでかけ情報サービス「aumo」，住まい・暮らしの情報メディア「LIMIA」を柱に，人々のライフスタイルに欠かせない，出かける，住む，暮らす，に関連したプロダクトをつくり，全ての方へ網羅的に価値を提供しております。

（2）投資・インキュベーション事業 ···

　投資・インキュベーション事業ではインターネット・IT領域を中心に投資する
国内外の主要VCファンド及びスタートアップへの投資に取り組んでおります。

[事業系統図]

※「Google Play」を運営するGoogle Inc.や「App Store」を運営するApple Inc.等

---

point 事業の内容

　会社の事業がどのようにセグメント分けされているか，そして各セグメントではどの
ようなビジネスを行っているかなどの説明がある。また最後に事業の系統図が載せて
あり，本社，取引先，国内外子会社の製品・サービスや部品の流れが分かる。ただセ
グメントが多いコングロマリットをすぐに理解するのは簡単ではない。

4 関係会社の状況

名称	住所	資本金 (百万円)	主要な事業の内容	議決権の所有割合 (%)	関係内容
(連結子会社) 株式会社WFS (注) 1、2	東京都港区	110	スマートフォンゲーム の開発及び運営	100.0	役員の兼任3名 資金の預り
(連結子会社) 株式会社ポケラボ (注) 2	東京都港区	50	スマートフォンゲーム の開発及び運営	100.0	役員の兼任2名 資金の預り
(連結子会社) グリーエンターテインメント株 式会社 (注) 2	東京都港区	310	スマートフォンゲーム の開発及び運営	100.0	役員の兼任2名 資金の預り
(連結子会社) REALITY株式会社 (注) 2	東京都港区	10	メタバース事業	100.0	役員の兼任3名 資金の貸付
(連結子会社) Glossom株式会社 (注) 2	東京都新宿区	141	広告事業	100.0	役員の兼任2名 資金の預り

(注) 1. 株式会社 WFSは，売上高（連結会社相互間の内部売上高を除く。）の連結売上高に占める割合が
10%を超えております。

株式会社WFS

主要な損益情報等 (1) 売上高　　　　34,938百万円

(2) 経常利益　　　 3,395百万円

(3) 当期純利益　　 2,898百万円

(4) 純資産額　　　 5,556百万円

(5) 総資産額　　　 8,493百万円

2. 特定子会社に該当しております。

3. 上記に含まれない連結子会社は20社，持分法適用会社は2社であります。

5 従業員の状況

(1) 連結会社の状況 ··

2023年6月30日現在

セグメントの名称	従業員数（名）
インターネット・エンタメ事業	1,605　〔1,164〕
投資・インキュベーション事業	5　〔2〕
合計	1,610　〔1,166〕

(注)　従業員数は就業人員であり，臨時雇用者数（常駐の委託社員を含む）は，年間の平均人員を〔　〕内に外数で記載しております。

(2) 提出会社の状況 ··

2023年6月30日現在

従業員数（名）	平均年齢（歳）	平均勤続年数（年）	平均年間給与（千円）
363　〔484〕	38.2	6.3	8,108

セグメントの名称	従業員数（名）
インターネット・エンタメ事業	363　〔484〕
合計	363　〔484〕

(注) 1.　従業員数は就業人員であり，臨時雇用者数（常駐の委託社員を含む）は，年間の平均人員を〔　〕内に外数で記載しております。

　　 2.　平均年間給与は，賞与及び基準外賃金を含んでおります。

(3) 労働組合の状況 ··

当社グループには，労働組合はありませんが，労使関係は良好であり，特記すべき事項はありません。

---

point **関係会社の状況**

主に子会社のリストであり，事業内容や親会社との関係についての説明がされている。特に製造業の場合などは子会社の数が多く，すべてを把握することは難しいが，重要な役割を担っている子会社も多くある。有報の他の項目では一度も触れられていない場合が多いので，気になる会社については個別に調べておくことが望ましい。

■ 事業の状況

1 経営方針，経営環境及び対処すべき課題等

当社グループの経営方針，経営環境及び対処すべき課題等は，以下のとおりであります。

なお，文中の将来に関する事項は，当連結会計年度末現在において当社グループが判断したものであります。

（1） 会社の経営の基本方針 ・・

当社グループは，「インターネットを通じて，世界をより良くする。」をミッションとして掲げ，インターネットの新たな可能性を開拓することを通じて，世の中に新しい価値を提供し続けていくことを目指しております。当社グループは，このような経営の基本方針に基づいて事業を展開しながら，企業価値並びに株主価値の増大を図って参ります。

（2） 目標とする経営指標 ・・・

当社グループが重視している経営指標は，売上高及び営業利益であります。また，これらを支える営業上の指標として，ユーザー数，ユーザー当たり売上高等を重視しております。

（3） 経営環境 ・・

我が国における個人のスマートフォン保有率は前年比3.0ポイント増の77.3%（出典：総務省「令和4年通信利用動向調査の結果」）と伸びる一方，2022年の国内ゲームアプリの市場規模は前年比4.4%減の1兆2,433億円（出典：株式会社角川アスキー総合研究所「ファミ通ゲーム白書2023」）となりました。

（4） 優先的に対処すべき事業上及び財務上の課題 ・・・・・・・・・・・・・・・・・・・・・・

当社グループでは，新たな収益源の確保を重要課題としており，以下の対処すべき課題を認識しております。

① **インターネット・エンタメ事業**

・ゲーム・アニメ事業について

　　ゲーム・アニメ事業は，当社グループの収益基盤であり，継続的な成長に向けて，「エンジン×IP×グローバル」戦略の継続と，多層的な事業構造の再構築を進めて参ります。中長期的な収益性向上を目指しIPの創出・育成力の強化に取り組み，また積極的な海外展開による海外売上比率の向上を目指して参ります。さらに，強固な収益基盤構築に向けて，自社開発だけでなくライセンス型や開発受託等の案件も積極展開し，多層的な事業構造の構築を目指して参ります。

・メタバース事業について

　　メタバース事業は，事業の多角化を推進し，収益性の強化と成長に向けた投資の両立を継続して参ります。スマートフォン向けメタバース「REALITY」はグローバルでの収益性の強化を目指し，法人向けメタバース事業もプロダクトとアライアンスを強化し継続成長を目指して参ります。また，急成長市場であるVTuber事業への投資を継続し，早期黒字化を目指して参ります。

・DX事業について

　　DX事業は，当社グループの事業内で培った法人向けビジネスに関するノウハウを活かし，多様なソリューションをクライアントへ提供して参ります。マーケティングDX事業においては子会社間の連携を強化し，クライアントの業種増加により収益基盤強化を目指して参ります。オペレーションDX事業においては既存のカスタマーサービスに加えQA（品質保証）・パトロール等，提供ソリューションの拡充に向けた体制構築を推進して参ります。

・コマース事業について

　　コマース事業は，「メディア × SaaS」戦略を推進して参ります。SaaS機能の拡充により有償店舗数を成長させ安定的な収益基盤強化を目指して参ります。

② **投資・インキュベーション事業**

　当社グループでは，安定的な利益貢献を目指し，インターネット・IT領域を中心に投資する国内外の主要VCファンド及びスタートアップ企業への投資を中長

期で継続して取り組んで参ります。

③　組織体制の強化と内部統制及びコンプライアンス体制の強化

　当社グループは，今後，新規事業を展開するにあたって，各事業分野で活躍できる優秀な人材の採用・育成に取り組んで参ります。また，新規事業分野に潜在する各種リスク群も踏まえて，内部統制及びコンプライアンス体制の充実及び強化を図って参ります。

2　サステナビリティに関する考え方及び取組

　当社グループのサステナビリティに関する考え方及び取組は，次のとおりであります。なお，文中の将来に関する事項は，当連結会計年度末現在において当社グループが判断したものであります。

（1）　サステナビリティ全般に関するガバナンス及びリスク管理

　当社グループは，サステナビリティ関連リスクのうち，特に気候変動リスクへの対応については，代表取締役社長の諮問機関であるグループリスクマネジメント委員会が，グループリスク対応の中で審議・検討し，取締役会は，グループリスクマネジメント委員会で審議された重要事項について報告を受け，気候変動の対応策等についても監督を行っています。

　また当社グループでは，サステナビリティ関連を含む多様化するリスクに備えて，「リスクマネジメント規程」をはじめとする各種社内規程を策定し，リスクマネジメント態勢を整備しています。具体的には，「グループリスク主管部門」及び「グループリスクマネジメント委員会」を設置し，各部門／グループ会社における適切なリスクマネジメントを推進する態勢を整備・運用しています。

（2）　重要なサステナビリティ項目

　上記，ガバナンス及びリスク管理を通して識別された当社グループにおける重要なサステナビリティ項目は以下のとおりであります。

　　・気候変動への対応に関する考え方及び取組
　　・人的資本への投資に関する考え方及び取組
　　・知的財産への投資に関する考え方及び取組

それぞれの項目に係る当社グループのサステナビリティに関する考え方及び取組は，次のとおりであります。

① 気候変動への対応に関する考え方及び取組

　当社グループは，気候変動リスクを特に重要な経営課題と位置付けて，その対応を検討して参りました。そこで，当社は，2022年9月にTCFD提言への賛同を表明するとともに，TCFDの枠組みに基づき，①ガバナンス，②戦略，③リスク管理及び④指標と目標の4分野の開示を行い，気候変動リスクへの対応について報告をしております。詳細については，当社のコーポレートサイトに掲載しております。

https://corp.gree.net/jp/ja/sustainability/social/tcfd.html

② 人的資本への投資に関する考え方及び取組

　当社グループは，多様性の確保が成長のための強みになるとの認識を持ち，社員のライフステージに合った働き方が出来る環境づくりのためのオリジナルプログラムを運営しております。

　また，従業員がお互いに切磋琢磨し合い，一人ひとりの高い成長を実現するために「挑戦できる」，「成長できる」，「称えあえる」，「社会貢献できる」という4つのキーワードに基づき，様々な成長支援制度を導入し，多様な人材が活躍できる職場環境づくりに取り組んでおります。

　今後も，人的資本の観点から当社の目指す姿の実現や持続的な成長を推進して参ります。詳細については，当社のコーポレートサイトに掲載しております。

https://corp.gree.net/jp/ja/sustainability/social/

③ 知的財産への投資に関する考え方及び取組

　当社グループは，事業展開に合わせ，知的財産の保護や権利化を積極的に行っております。製品・サービスの新規開発やグローバル対応等，事業展開により創出される製品・サービスの保護と新技術の権利化のため，特許権・商標権等について，適宜調査・審査した上で，積極的に出願を進めております。

　また，当社が提供する製品・サービスやソフトウェアが第三者の知的財産権を侵害することのないよう，社内ルール構築，社内教育並びに事業部門・法務部門における事前確認を行っております。

また，他者による権利侵害についても調査のうえ速やかに適切な対策を講じております。詳細については，当社のコーポレートサイトに掲載しております。https://corp.gree.net/jp/ja/sustainability/management/intellectual-property.html

また，当社グループは，国籍や性別，バックグラウンドを問わない多様な人材の活躍が重要であると考えており，今後も継続して性別，年齢，国籍，入社経路を問わない多様な人材の採用・育成・登用を行って参ります。

現在，指標及び目標については設定しておりませんが，今後の課題として検討して参ります。

3 事業等のリスク

有価証券報告書に記載した事業の状況，経理の状況等に関する事項のうち，経営者が連結会社の財政状態，経営成績及びキャッシュ・フローの状況に重要な影響を与える可能性があると認識している主要なリスクは，以下のとおりであります。

なお，当該リスクが顕在化する可能性の程度や時期，当該リスクが顕在化した場合に当社グループの経営成績等の状況に与える影響につきましては，合理的に予見することが困難であるため記載しておりません。当社グループは，これらのリスク発生の可能性を十分に認識した上で，発生の回避及び発生した場合の対応に努める方針ではありますが，当社株式に関する投資判断は，本項及び本書中の本項以外の記載事項を慎重に検討した上で行われる必要があると考えております。なお，文中の将来に関する事項は，当連結会計年度末現在において当社グループが判断したものであります。

① 事業環境に係るリスク ……………………………………………

Ⅰ　スマートフォンゲームについて

スマートフォンゲームの高機能化，多機能化による質の向上に伴う開発難易度の上昇により開発期間が長期化し，開発費が高騰する傾向にあります。また，競合他社との競争激化に伴い，ユーザー獲得が想定どおりに進まなかった場合やユーザー数が減少した場合，当社グループの事業展開及び経営成績に影響を及ぼす可

(point) **従業員の状況**

主力セグメントや，これまで会社を支えてきたセグメントの人数が多い傾向があるのは当然のことだろう。上場している大企業であれば平均年齢は40歳前後だ。また労働組合の状況にページが割かれている場合がある。その情報を載せている背景として，労働組合の力が強く，人数を削減しにくい企業体質だということを意味している。

能性があります。

Ⅱ　技術革新について

　当社グループは，急速な技術革新に柔軟に対応すべく，先端的なテクノロジーに対する知見やノウハウの蓄積，更には高度な技能を習得した優秀な技術者の採用・育成に取り組んでおります。しかしながら，こうした変化に対する適切な対応が遅れた場合，また，これらの対応に伴うシステム投資や人件費等の支出が拡大した場合には，当社グループの技術的優位性やサービス競争力の低下を招き，当社グループの事業展開及び経営成績に影響を及ぼす可能性があります。

②　事業展開に関するリスク ･･

Ⅰ　スマートフォンゲームの展開について

　当社グループが提供するサービスを，様々なユーザーに継続的に利用していただくため，エンターテインメント性の高いコンテンツを揃えております。しかしながらユーザーの嗜好の多様化，コンテンツの陳腐化に起因する課金ユーザー比率の低下，課金利用の減少等が生じる場合には，当社グループの事業展開及び経営成績に影響を及ぼす可能性があります。

Ⅱ　スマートフォン向けメタバース「REALITY」の展開について

　当社グループは，メタバース事業を推進しております。メタバース事業ではスマートフォン向けメタバース「REALITY」を中心に規模を拡大して参りますが，見通しとは異なる状況が発生するなどにより事業の展開が計画どおりに進まない場合，当社グループの事業展開及び経営成績に影響を及ぼす可能性があります。

Ⅲ　投資・インキュベーション事業について

　当社グループは，投資・インキュベーション事業においてインターネット・IT領域を中心に投資するベンチャーキャピタルやスタートアップへの投資をおこなっております。出資先企業の事業計画の達成状況や，将来の成長性又は業績に関する見通しが悪化した場合には，投資の回収が出来ず，当社グループの事業展開及び経営成績に影響を及ぼす可能性があります。

Ⅳ　有料課金サービスに関するリスクについて

　当社グループが運営する「GREE」や各種スマートフォンゲーム，「REALITY」

　　この項目では今期の売上や営業利益などの業績がどうだったのか，収益が伸びたあるいは減少した理由は何か，そして伸ばすためにどんなことを行ったかということがセグメントごとに分かる。現在，会社がどのようなビジネスを行っているのか最も分かりやすい箇所だと言える。

においては，有料ガチャ（金銭もしくは金銭で購入できる前払式支払手段を直接の対価として行うことができるランダム型アイテム提供方式）が主な収益源となっております。当社グループでは，業界団体が定めるガイドライン等を遵守するとともに，必要な社内規程を整備して事業展開しておりますが，上記ガイドラインや社内規程が適切に運用されない場合，ユーザー数の減少，課金ユーザー比率の低下，課金利用の減少等により，当社グループの事業展開及び経営成績に影響を及ぼす可能性があります。

Ⅴ　国際展開について

　当社グループは各種スマートフォンゲーム，「REALITY」について日本国内に加えて海外での展開を推進しておりますが，各国の法令，制度・規制，政治・社会情勢，文化，宗教，ユーザー嗜好，商習慣の違い，為替等をはじめとした潜在的リスクに対処出来ないことなどにより事業を推進していくことが困難となった場合に，当社グループの事業展開及び経営成績に影響を及ぼす可能性があります。

Ⅵ　新規事業について

　当社グループは，事業規模の拡大と収益源の多様化を進めるため，今後も引き続き，積極的にビジネス領域の拡大に取り組んでいく考えであります。これによりシステム投資，広告宣伝費等の追加的な支出が発生し，利益率が低下する可能性があります。また，見通しとは異なる状況が発生するなどにより新サービスや新規事業の展開が計画どおりに進まない場合，投資を回収出来ず，当社グループの事業展開及び経営成績に影響を及ぼす可能性があります。

③　システムに関するリスク ･･

Ⅰ　システム等に関連する設備投資負担について

　当社グループは，サービスの安定稼働やユーザー満足度の向上を図るためには，サービスの成長に即してシステムやインフラに対する先行投資を行っていくことが必要であると認識しております。今後予測されるユーザー数及びトラフィックの拡大，並びに新サービスの導入及びセキュリティの向上に備えての継続的な設備投資，又はこうしたリスクの低減を見据えたクラウドサービスへの移行を実施しておりますが，実際のユーザー数及びトラフィックが当初の予測から大幅に乖

離する場合には，設備投資の前倒しや当初の計画よりも多額の投資負担を余儀無くされ，当社グループの事業展開及び経営成績に影響を及ぼす可能性があります。

Ⅱ　サービス及びシステムの障害並びにインターネット接続環境の不具合について

当社グループは，サービス及びそれを支えるシステム，並びにインターネット接続環境の安定した稼働が事業運営の前提であると認識しており，安定的なシステム運用体制の構築に努めております。しかしながら，予期せぬ自然災害や事故，ユーザー数及びトラフィックの急増や大規模なクラウドサービスの障害，ネットワーク経由の不正アクセスやコンピューターウィルスの感染など，様々な問題が発生した場合にはサービスの安定的な提供が困難となり，当社グループの事業展開及び経営成績に影響を及ぼす可能性があります。

④　経営体制に関するリスク

Ⅰ　特定人物への依存について

当社グループの代表取締役会長兼社長である田中良和は，創業者であると同時に創業以来当社グループの事業推進，経営方針や事業戦略の決定及びその遂行において重要な役割を担って参りました。

当社グループでは，取締役会や経営会議等において役員及び社員への情報共有や権限委譲を進めるなど組織体制の強化を図りながら，同氏に過度に依存しない経営体制の整備を進めております。しかしながら，何らかの理由により同氏が当社グループの経営執行を継続することが困難になった場合には，当社グループの事業展開及び経営成績に影響を及ぼす可能性があります。

Ⅱ　人材の確保について

当社は，事業戦略の遂行，更なる事業展開，企業成長に伴い，継続的に幅広く優秀な人材を採用・育成し続けることが必須であると認識しております。質の高いサービスの安定稼働や競争力の向上に当たっては，開発部門を中心に極めて高度な技術力・企画力を有する人材が要求されていることから，当該人材の採用及び既存の人材の更なる育成・維持に積極的に努めて参ります。しかしながら，当社グループの採用基準を満たす優秀な人材の確保や人材育成が計画どおりに進

まなかった場合には，当社グループの事業展開及び経営成績に影響を及ぼす可能性があります。

III 内部管理体制について

　当社グループでは，企業価値の持続的な増大を図るためにコーポレート・ガバナンスが有効に機能することが不可欠であると認識しております。業務の適正性及び財務報告の信頼性の確保，更には健全な倫理観に基づく法令遵守の徹底が必要と認識しており，内部管理体制の充実に努めております。しかしながら，事業の急速な拡大により，十分な内部管理体制の構築が追いつかないという状況が生じる場合には，適切な業務運営が困難となり，当社グループの事業展開及び経営成績に影響を及ぼす可能性があります。

⑤ コンプライアンスに関するリスク ・・

I コンプライアンス体制

　当社グループでは，今後企業価値を高めていくためにはコンプライアンス体制が有効に機能することが重要であると考えております。そのため，コンプライアンスに関する社内規程を策定し，社内研修，ポータルサイトへの掲載等の手段により周知徹底を図り，コンプライアンス体制の強化に取り組んでおります。

　しかしながら，これらの取組みにも関わらずコンプライアンス上のリスクを完全に解消することは困難であり，今後の当社グループの事業運営に関してコンプライアンス上問題のある事態が発生した場合，当社グループの事業展開及び経営成績に影響を及ぼす可能性があります。

II 当社グループが提供するサービスの安全性及び健全性の維持について

　当社グループが提供するサービスにおいて，不特定多数のユーザーが利用していることから，様々な問題が発生するリスクが潜在しております。また，ユーザー数の拡大や多様化に伴い，ユーザーがより安心して安全に利用出来る環境を整備していくことが事業者に求められております。

　当社グループでは，これらの問題について，以下のような取り組みを行っております。

　（a）　利用規約による禁止行為の明確化

(b) 投稿等の監視体制及びユーザーへの教育，啓発活動の強化

(c) 「利用環境向上委員会」の設置

(d) 青少年の保護及び健全育成，利用環境の向上に向けた対応

　これらの施策により，当社グループが提供するサービスについては現段階において一定の安全性・健全性は保たれているものと認識しており，今後も，監視人員の拡充や関連システムの機能強化，ユーザーへの啓発・教育活動を推進する方針であります。しかしながら，当社グループが提供するサービスに関連して何らかの問題が発生した場合には，当社グループが法的責任を問われるほか，当社グループ及び当社グループが提供するサービスの信頼性やブランドが毀損し，サービスの安定的な提供が困難となり，当社グループの事業展開及び経営成績に影響を及ぼす可能性があります。

Ⅲ　不正行為等によるリスクについて

　当社グループが運営する「GREE」では，サイト内で利用可能な各種アイテムとの交換等を目的として「コイン」を発行しております。一部の悪質なユーザーがアイテム等を不正な方法で入手して利用及び譲渡するといった行為が発覚しており，業界全体としての不正防止のための取り組みが課題となっております。このような不正行為の存在は当社グループの意図しているところではなく，システム面での防止策のみならず利用規約での禁止やユーザーへの啓発を積極的に行うとともに，違反者には利用停止や強制退会を含む厳正な措置を行う等の対策を取っております。

　万が一，当社グループのサービスを利用した不正行為が発生した場合には，当社グループの信頼性やブランドが毀損すること等により，当社グループの事業展開及び経営成績に影響を及ぼす可能性があります。

Ⅳ　法的規制について

　当社グループは，インターネットサービス等事業者として，インターネットに関連する法的規制その他の法規制の遵守は経営上の重要課題であると認識しております。規制を受けるものとして「電気通信事業法」，「資金決済に関する法律」，「青少年が安全に安心してインターネットを利用できる環境の整備等に関する法律」，「個人情報の保護に関する法律」，「不当景品類及び不当表示防止法」，「特定商取

引に関する法律」，「特定電気通信役務提供者の損害賠償責任の制限及び発信者情報の開示に関する法律」，「不正アクセス行為の禁止等に関する法律」及び「下請代金支払遅延等防止法」等の各種法令や，各法令の監督官庁が定める省令・指針・ガイドライン等があります。このような法令の制定や改正，監督官庁による行政処分，新たな規制の策定又は改定等により，当社グループの事業が新たな制約を受け，又は既存の規制が強化された場合には，当社グループの事業展開及び経営成績に影響を及ぼす可能性があります。

　当社グループの事業に適用のある法令のうち，特に重要な規制は以下のとおりです。「個人情報の保護に関する法律」については後述します。

(i)　「電気通信事業法」

　　当社グループは，電気通信事業法の定めに従って「電気通信事業者」として届出を行っているため，通信の秘密の保護等の義務が課されております。当社グループにおいてはその法律に沿った運用を行っておりますが，当社グループが本法令に違反し行政処分等を受けた場合には，当社グループの事業展開及び経営成績に影響を及ぼす可能性があります。

(ii)　「資金決済に関する法律」

　　「GREE」内のゲーム内専用通貨「GREE コイン」及び他社プラットフォーム内で当社グループ名義で配信している各ゲームの専用通貨等が適用の対象となります。当社グループは，その法律に沿った運用を行っておりますが，当社グループが本法令に違反し行政処分等を受けた場合には，当社グループの事業展開及び経営成績に影響を及ぼす可能性があります。

　　更に，当社グループが海外事業を展開する上では，商取引，広告，景品，個人情報，プライバシー，未成年保護，独占禁止，知的財産権，消費者保護，暗号資産等に関する現地の法規制並びに事業展開及び投資を行うために必要とされる現地政府の許認可等，諸外国・地域の法規制が適用されます。これらの法規制等の改正や新たな法規制の策定により当社グループの事業が新たな制約を受け，又は既存の規制が強化された場合には，当社グループの事業展開及び経営成績に影響を及ぼす可能性があります。

V　個人情報保護について

　当社グループでは，インターネットサービスの提供を通じ，ユーザーの個人情報を保有しており，「個人情報の保護に関する法律」が定める個人情報取扱事業者としての義務及び各国の個人情報保護法遵守の義務を課されております。当社グループは，個人情報の外部漏洩・改ざん等の防止のため，個人情報を取り扱う際の業務フローや権限体制を明確化し，個人情報保護規程をはじめとした個人情報管理に関連する規程や規則等を制定し，個人情報保護に関する意識の向上を図ることで，同法及び関連法令等の法的規制の遵守に努めております。

　しかしながら，当社グループの関係者や業務提携・委託先などの故意又は過失，コンピューターシステムの瑕疵，コンピューターウイルス，外部からの不正な手段によるコンピューター内への侵入等により個人情報が外部に流出したり，悪用される事態が発生した場合には，当社グループが損害賠償を含む法的責任を追及される可能性があるほか，当社グループ並びに当社グループのサービスの信頼性やブランドが毀損し，当社グループの事業展開及び経営成績に影響を及ぼす可能性があります。

VI　第三者との係争について

　当社グループは，法令遵守を基本としたコンプライアンス活動の推進により，役員，従業員の法令違反等の低減努力を実施しております。しかしながら，ユーザー，取引先，従業員その他第三者との予期せぬトラブル，訴訟等が発生する可能性があります。また，後述のとおり知的財産権に関する訴訟の可能性もあります。係る訴訟の内容及び結果によっては，多大な訴訟対応費用の発生やブランドイメージの悪化等により，当社グループの事業展開及び経営成績に影響を及ぼす可能性があります。

⑥　知的財産権に関するリスク ···

I　知的財産権の保護に関する方針について

　当社グループは，法令遵守及び企業の社会的責任に鑑み，知的財産権の保護は重要な課題であると認識しております。そのため，当社グループの役員及び従業員による第三者の知的財産権の侵害が発生せぬよう，社内規則の整備や社内教育

の充実により防止策を徹底しております。しかしながら，過失により当社グループの役員及び従業員が第三者の知的財産権を侵害する事態が発生した場合には，当社グループが損害賠償を含む法的責任を負う可能性があるほか，当社グループ並びに当社グループのサービスの信頼性やブランドが毀損し，当社グループの事業展開及び経営成績に影響を及ぼす可能性があります。また，当社グループは，当社グループの知的財産権の保護に努めておりますが，その対応のために多額の費用が発生した場合や，当社グループの知的財産権が適切に保護されず，当社グループの競争優位性が保持されない場合には，当社グループの事業展開及び経営成績に影響を及ぼす可能性があります。

Ⅱ　特許に関連する動向について

当社グループは，現時点において，当社グループの事業・サービスに対して重大な影響を及ぼす特許に関わる問題・事象は無いものと認識しております。但し，インターネット関連技術においては，特許権の範囲が不明確であることから，潜在的なものも含めた特許紛争の対応に係る費用が膨大となること等により，当社グループの事業展開及び経営成績に影響を及ぼす可能性があります。

Ⅲ　当社グループのサービスに掲載されるコンテンツについて

当社グループが提供するコンテンツについては，担当事業部門及び法務部門が第三者の知的財産権侵害が行われていないことを確認する体制を確立しております。また，社外の法人・個人に，当該コンテンツの制作を委託する場合には，原則として，第三者の知的財産権を侵害していないことを保証していただいております。しかしながら，当社グループによるコンテンツ提供に際して，意図せず第三者の知的財産権の侵害が生じた場合には，当社グループに対し損害賠償責任を追及されたり，サービスの一部が提供を制限されることで，当社グループの事業展開及び経営成績に影響を及ぼす可能性があります。

外部デベロッパーが提供するコンテンツについては，各デベロッパーが第三者の知的財産権を侵害していないことを当社グループに対して規約上保証していることに加え，万が一，権利侵害が生じた場合には各デベロッパーが責任をもって処理・対応することとなっております。しかしながら，権利侵害が生じた場合，約款の内容に関わらず，権利侵害を受けた第三者より当社グループが法的責任を

問われる可能性があり，その責任を問われない場合にも，当社グループの信頼性
やブランドが毀損され，サービスの安定的な提供が困難となる可能性があります。

　ユーザー自身が投稿するコンテンツについては，これらのコンテンツが第三者
の著作権を侵害していた場合，当社グループも著作権侵害を助長又は黙認したも
のとして責任を追及される可能性があります。このような事態を防ぐべく，利用
規約において権利侵害行為を禁止するほか，違反行為の通報に対しては迅速に対
応し，コンテンツを削除する等の処置を行っております。これらの取り組みにより，
当社グループの責任はプロバイダー責任制限法に定められる範囲に限定されるも
のと認識しており，著作権者からの著作権侵害を理由とした損害賠償請求や差止
請求が認められる可能性は低いと認識しております。しかしながら，当社グルー
プの法的責任を追及され，訴訟等の紛争に発展した場合には，当社グループの事
業展開及び経営成績に影響を及ぼす可能性があります。

⑦　**業務提携，M&A（企業買収等）に関するリスク** ·····························
Ⅰ　**他社との業務・資本提携等について**
　当社グループでは，業務・資本提携，合弁等を通じた事業の拡大に取り組んで
おります。当社グループと提携先・合弁先の持つ事業運営ノウハウ等を融合させ
ることにより，大きなシナジー効果を発揮することを目指しておりますが，当初
見込んだ効果が発揮されない場合，又はこれらの提携等が解消された場合，当社
グループの事業展開及び経営成績に影響を及ぼす可能性があります。
Ⅱ　**M&Aによる事業拡大について**
　当社グループは，事業規模の拡大と収益源の多様化を進めるにあたり，これら
を加速する手段のひとつとして，M&Aを活用する場合があります。M&Aに当たっ
ては，被買収企業の財務内容や契約関係等についての詳細な事前審査を行い，十
分にリスクを吟味した上で決定しておりますが，被買収企業に偶発債務の発生や
未認識債務の判明等事前の調査で把握出来なかった問題が生じた場合，また，事
業の展開等が計画どおりに進まない場合，当社グループの事業展開及び経営成績
に影響を及ぼす可能性があります。また，買収により，当社グループが従来行っ
ていない新規事業が加わる際には，その事業固有のリスク要因が加わります。

4 経営者による財政状態，経営成績及びキャッシュ・フローの状況の分析

（1） 業績等の概要 ……………………………………………………………

① 業績

　我が国における個人のスマートフォン保有率は前年比3.0ポイント増の77.3%（出典：総務省「令和4年通信利用動向調査の結果」）と伸びる一方，2022年の国内ゲームアプリの市場規模は前年比4.4%減の1兆2,433億円（出典：株式会社角川アスキー総合研究所「ファミ通ゲーム白書2023」）となりました。

　このような環境のもと，当社グループはインターネット・エンタメ事業，投資・インキュベーション事業の各事業において，積極的な投資に取り組んで参りました。

　当連結会計年度の当社グループの業績は，売上高75,440百万円（前連結会計年度比0.7%増），営業利益12,498百万円（同8.7%増）となりました。経常利益は為替差益が前連結会計年度より大きく減少し13,086百万円（同7.2%減）となりました。また，特別損失として投資有価証券評価損636百万円を計上したこと等により親会社株主に帰属する当期純利益9,278百万円（同8.3%減）となりました。

　セグメント別の経営成績は次のとおりであります。

a. インターネット・エンタメ事業

　主力とするゲーム・アニメ事業においては，既存スマートフォン向けゲームの長期運営体制による収益安定化及び海外展開による収益力向上に取り組むとともに，新規スマートフォンゲームの開発を進めて参りました。メタバース事業においては，スマートフォン向けメタバース「REALITY」のコンテンツ拡充及びコミュニケーション機能拡充を進めるとともにグローバル展開を進めて参りました。また，DX・コマース事業においては，メディア力強化とSaaS機能強化及び企業のDX支援を進めて参りました。

　当連結会計年度の業績は，売上高66,737百万円（前連結会計年度比7.2%減），営業利益6,622百万円（同32.0%減）となりました。

b. 投資・インキュベーション事業

　投資・インキュベーション事業においては，インターネット・IT領域を中心に投資するベンチャーキャピタルやスタートアップへの投資に取り組んで参りました。当社グループ出資ファンドが保有株式を売却したことにより，当連結会計年度の業績は，売上高8,702百万円（前連結会計年度比187.3％増），営業利益5,875百万円（同233.1％増）となりました。

② キャッシュ・フローの状況

　当連結会計年度末における現金及び現金同等物（以下「資金」といいます。）は，前連結会計年度末に比べ7,668百万円増加し，当連結会計年度末の残高は74,293百万円となりました。各キャッシュ・フローの状況は次のとおりであります。

（営業活動によるキャッシュ・フロー）

　営業活動により獲得した資金は，4,590百万円（前連結会計年度は13,218百万円の獲得）となりました。これは主に，営業投資有価証券の増加2,817百万円及び法人税等の支払額4,674百万円があった一方，税金等調整前当期純利益12,693百万円があったことによるものであります。

（投資活動によるキャッシュ・フロー）

　投資活動により支出した資金は，439百万円（前連結会計年度は5,299百万円の支出）となりました。これは主に，敷金の回収による収入1,184百万円があった一方，投資有価証券の取得による支出1,500百万円があったことによるものであります。

（財務活動によるキャッシュ・フロー）

　財務活動により獲得した資金は，3,264百万円（前連結会計年度は37,516百万円の支出）となりました。これは主に，自己株式の取得による支出2,414百万円及び配当金の支払額1,970百万円があった一方，社債の発行による収入7,700百万円があったことによるものであります。

③ 生産，受注及び販売の実績

a. 生産実績

　インターネットを利用したサービスの提供及びベンチャーキャピタルやスタートアップへの投資を事業としており，提供するサービスには生産に該当する事項がありませんので，生産実績に関する記載はしておりません。

b. 受注実績

　概ね受注から役務提供の開始までの期間が短いため，受注実績に関する記載を省略しております。

c. 販売実績

　当連結会計年度における販売実績は，次のとおりであります。

セグメントの名称	当連結会計年度 （自　2022年7月1日 至　2023年6月30日）	
	販売高（百万円）	前年同期比（％）
インターネット・エンタメ事業	66,737	△7.2
投資・インキュベーション事業	8,702	187.3
合計	75,440	0.7

（注）　主な相手先別の販売実績及び当該販売実績の総販売実績に対する割合

相手先	前連結会計年度 （自　2021年7月1日 至　2022年6月30日）		当連結会計年度 （自　2022年7月1日 至　2023年6月30日）	
	販売高（百万円）	割合（％）	販売高（百万円）	割合（％）
Ａｐｐｌｅ　Ｉｎｃ．	28,895	38.6	24,974	33.1
Ｇｏｏｇｌｅ　Ｉｎｃ．	21,415	28.6	19,310	25.6

（2）　経営者の視点による経営成績等の状況に関する分析・検討内容 …………

　経営者の視点による当社グループの経営成績等の状況に関する認識及び分析・検討内容は次のとおりであります。　なお，文中の将来に関する事項は，当連結会計年度末現在において判断したものであります。

① 重要な会計上の見積り及び当該見積りに用いた仮定

　当社グループの連結財務諸表は，わが国において一般に公正妥当と認められている会計基準に基づき作成しております。この連結財務諸表を作成するにあたって，資産，負債，収益及び費用の報告額に影響を及ぼす見積り及び仮定を用いて

おりますが，これらの見積り及び仮定に基づく数値は実際の結果と異なる可能性
があります。

　重要な会計方針については，「第5　経理の状況　1　連結財務諸表等　(1)連
結財務諸表　注記事項（連結財務諸表作成のための基本となる重要な事項）」に記
載しております。

② **財政状態の分析**

　当連結会計年度末の総資産は124,806百万円（前連結会計年度末比8,076
百万円増）となりました。流動資産は107,367百万円（前連結会計年度末比7,164
百万円増）となりました。主な増加要因は「現金及び預金」が4,331百万円減少
した一方，「金銭の信託」が12,000百万円増加したことによるものであります。

　固定資産は17,439百万円（前連結会計年度末比912百万円増）となりました。
主な増加要因は投資その他の資産の「その他」が1,015百万円減少した一方，「繰
延税金資産」及び「投資有価証券」がそれぞれ1,190百万円，748百万円増加し
たことによるものであります。

　当連結会計年度末における負債合計は32,256百万円（前連結会計年度末比
6,456百万円増）となりました。

　流動負債は20,391百万円（前連結会計年度末比4,416百万円増）となりました。
主な増加要因は「1年内償還予定の社債」が5,000百万円増加したことによるも
のであります。

　固定負債は11,865百万円（前連結会計年度末比2,040百万円増）となりました。
主な増加要因としては「その他」が659百万円減少した一方，「社債」が2,700百万
百万円増加したことによるものであります。

　当連結会計年度末における純資産合計は92,549百万円（前連結会計年度末比
1,619百万円増）となりました。主な増加要因は，「その他有価証券評価差額金」
が3,633百万円減少，「自己株式」が2,145百万円増加した一方，「利益剰余金」
が7,370百万円増加したことによるものであります。

　企業の安定性を示す自己資本比率は，当連結会計年度末は73.7％であります。
また，支払い能力を示す流動比率は当連結会計年度末は526.5％となっておりま

す。

③ 経営成績の分析

　売上高は，75,440百万円（前連結会計年度比0.7％増）となりました。売上高の分析につきましては，「(1) 業績等の概要　①業績」をご参照ください。

　売上原価は，28,831百万円（前連結会計年度比4.1％減）となりました。

　主な減少要因は，協業ゲーム運営に係る業務委託費等の減少によるものであります。

　販売費及び一般管理費は34,110百万円（前連結会計年度比2.3％増）となりました。

　主な増加要因は，広告宣伝費の増加によるものであります。

　営業外収益は，810百万円（前連結会計年度比70.5％減）となりました。

　主な減少要因は，為替差益の減少によるものであります。

　営業外費用は，222百万円（前連結会計年度比56.1％増）となりました。

　主な増加要因は，支払利息の増加によるものであります。

　特別利益は，321百万円（前連結会計年度比58.6％減）となりました。

　主な減少要因は，違約金収入の減少によるものであります。

　特別損失は，713百万円（前連結会計年度比151.5％増）となりました。

　主な増加要因は，投資有価証券評価損の増加によるものであります。

④ キャッシュ・フローの分析

　当連結会計年度における各キャッシュ・フローの状況とそれらの要因については，「(1) 業績等の概要　②キャッシュ・フローの状況」に記載しております。

⑤ 経営成績に重要な影響を与える要因について

　経営成績に重要な影響を与える要因については，「第2　事業の状況　3　事業等のリスク」に記載しております。

⑥ **経営者の問題認識と今後の方針について**

　経営者の問題認識と今後の方針については,「第2　事業の状況　1　経営方針,経営環境及び対処すべき課題等」に記載しております。

⑦ **資本の財源及び資金の流動性**

　当社グループは将来の経営環境の変化への対応や新規事業の開発等のために必要な資金を内部留保しております。当社グループの運転資金需要の主なものは,ゲーム・アニメ事業における開発費,各事業における広告宣伝費等の営業費用になります。また,重要課題である新たな収益源の確保のため,ゲーム・アニメ事業の継続成長,DX・コマース事業の強化,メタバース事業の推進に取り組んでいく方針であります。これらの資金需要は自己資金でまかなうことを基本とし,必要に応じて資金調達を実施致します。

　また,当連結会計年度末における現金及び現金同等物の残高は74,293百万円となっております。

設備の状況

1　設備投資等の概要

　当連結会計年度における設備投資は432百万円で，その主な内容は，オフィス設備費用，備品購入及びシステム構築費用等であります。

2　主要な設備の状況

　当グループにおける主要な設備は，以下のとおりであります。

提出会社

2023年6月30日現在

事業所 (所在地)	設備の内容	帳簿価額（百万円）					従業員数 (人)
		建物 及び構築物	工具，器具 及び備品	土地 (面積千㎡)	その他	合計	
本社・研究所 (大阪府大阪市)	製造・研究開発 貿易・管理業務設備	2,139	3,924	－	923	6,987	792
物流センター (大阪府高槻市)	物流業務設備	970	586	28,634 (52)	0	30,191	5
品質評価施設 (大阪府大阪市)	研究開発	406	0	－	－	406	39
高槻事業所 (大阪府高槻市)	製造・研究開発 管理業務設備	284	61	－	－	345	70

（注）1．当社は，現在休止中の設備はありません。

　　　2．帳簿価額のうち「その他」は，無形固定資産であります。

　　　3．従業員数は就業人員であり，臨時雇用者数（常駐の委託社員を含む）は，年間の平均人員を〔　〕内に外数で記載しております。

　　　4．上記事業所の建物を賃借しております。年間賃借料は861百万円であります。

3　設備の新設，除却等の計画

（1）重要な設備の新設等 ···

　重要な設備の新設の計画はありません。

（2）重要な設備の除却等 ···

　重要な設備の除却等の計画はありません。

1 株式等の状況

(1) 株式の総数等 ···

① 株式の総数

種類	発行可能株式総数（株）
普通株式	640,000,000
計	640,000,000

② 発行済株式

種類	事業年度末現在発行数（株） (2023年6月30日)	提出日現在発行数（株） (2023年9月28日)	上場金融商品取引所名又は登録認可金融商品取引業協会名	内容
普通株式	179,749,700	179,749,700	東京証券取引所 （プライム市場）	単元株式数100株
計	179,749,700	179,749,700	－	－

(注) 「提出日現在発行数」欄には，2023年9月1日から本有価証券報告書提出日までの新株予約権の行使により発行された株式数は含まれておりません

point 生産及び販売の状況

生産高よりも販売高の金額の方が大きい場合は，作った分よりも売れていることを意味するので，景気が良い，あるいは会社のビジネスがうまくいっていると言えるケースが多い。逆に販売額の方が小さい場合は製品が売れなく，在庫が増えて景気が悪くなっていると言える場合がある。

■ 経理の状況

1 連結財務諸表及び財務諸表の作成方法について ·····················

(1) 当社の連結財務諸表は，「連結財務諸表の用語，様式及び作成方法に関する規則」（1976年大蔵省令第28号。以下「連結財務諸表規則」という。）に基づいて作成しております。

(2) 当社の財務諸表は，「財務諸表等の用語，様式及び作成方法に関する規則」（1963年大蔵省令第59号。以下「財務諸表等規則」という。）に基づいて作成しております。

　また，当社は，特例財務諸表提出会社に該当し，財務諸表等規則第127条の規定により財務諸表を作成しております。

2 監査証明について ·····················

　当社は，金融商品取引法第193条の2第1項の規定に基づき，連結会計年度（2022年7月1日から2023年6月30日まで）の連結財務諸表及び事業年度（2022年7月1日から2023年6月30日まで）の財務諸表について，EY新日本有限責任監査法人により監査を受けております。

3 連結財務諸表等の適正性を確保するための特段の取組みについて

　当社は，連結財務諸表等の適正性を確保するための特段の取組みを行っております。具体的には，会計基準等の内容を適切に把握し，又は会計基準等の変更等について的確に対応することが出来る体制を整備するため，公益財団法人財務会計基準機構へ加入し，四半期毎に行われるセミナーに参加しております。

ⓟₒᵢₙₜ 対処すべき課題

　有報のなかで最も重要であり注目すべき項目。今，事業のなかで何かしら問題があればそれに対してどんな対策があるのか，上手くいっている部分をどう伸ばしていくのかなどの重要なヒントを得ることができる。また今後の成長に向けた技術開発の方向性や，新規事業の戦略についての理解を深めることができる。

1　連結財務諸表等

（1）　連結財務諸表 ·····································

①　連結貸借対照表

（単位：百万円）

	前連結会計年度 （2022年6月30日）	当連結会計年度 （2023年6月30日）
資産の部		
流動資産		
現金及び預金	54,624	50,293
受取手形、売掛金及び契約資産	※1 7,754	※1 7,694
未収入金	1,567	2,298
営業投資有価証券	※2 22,215	※2 19,574
金銭の信託	12,000	24,000
その他	2,044	3,506
貸倒引当金	△3	△0
流動資産合計	100,203	107,367
固定資産		
有形固定資産		
建物及び構築物	1,851	1,901
工具、器具及び備品	509	464
有形固定資産合計	※3 2,361	※3 2,365
無形固定資産		
その他	13	8
無形固定資産合計	13	8
投資その他の資産		
投資有価証券	※2 9,493	※2 10,242
繰延税金資産	716	1,907
その他	4,255	3,239
貸倒引当金	△313	△324
投資その他の資産合計	14,151	15,064
固定資産合計	16,526	17,439
資産合計	116,730	124,806
負債の部		
流動負債		
1年内償還予定の社債	－	5,000
未払法人税等	2,485	1,684
契約負債	4,657	5,919
賞与引当金	850	512
拠点再編費用引当金	16	－
未払金	6,091	6,251
その他	※4 1,873	1,023
流動負債合計	15,975	20,391
固定負債		
社債	8,000	10,700
その他	1,824	1,165
固定負債合計	9,824	11,865
負債合計	25,800	32,256

	前連結会計年度 （2022年6月30日）	当連結会計年度 （2023年6月30日）
純資産の部		
株主資本		
資本金	100	100
資本剰余金	2,365	2,365
利益剰余金	86,320	93,690
自己株式	△3,690	△5,836
株主資本合計	85,094	90,319
その他の包括利益累計額		
その他有価証券評価差額金	5,291	1,657
為替換算調整勘定	−	66
その他の包括利益累計額合計	5,291	1,724
新株予約権	490	454
非支配株主持分	53	51
純資産合計	90,930	92,549
負債純資産合計	116,730	124,806

(point) **事業等のリスク**

「対処すべき課題」の次に重要な項目。新規参入により長期的に価格競争が激しくなり企業の体力が奪われるようなことがあるため，その事業がどの程度参入障壁が高く安定したビジネスなのかなど考えるきっかけになる。また，規制や法律，訴訟なども企業によっては大きな問題になる可能性があるため，注意深く読む必要がある。

② 連結損益計算書及び連結包括利益計算書

連結損益計算書

（単位：百万円）

	前連結会計年度 （自　2021年7月1日 至　2022年6月30日）	当連結会計年度 （自　2022年7月1日 至　2023年6月30日）
売上高	※1 74,906	※1 75,440
売上原価	30,054	28,831
売上総利益	44,852	46,608
販売費及び一般管理費	※2,※3 33,354	※2,※3 34,110
営業利益	11,498	12,498
営業外収益		
受取利息	27	160
受取配当金	12	54
為替差益	2,657	584
その他	52	10
営業外収益合計	2,751	810
営業外費用		
支払利息	51	122
支払手数料	55	51
リース解約損	29	－
暗号資産評価損	－	46
その他	6	1
営業外費用合計	142	222
経常利益	14,106	13,086
特別利益		
投資有価証券売却益	10	293
関係会社株式売却益	－	3
違約金収入	754	－
その他	10	24
特別利益合計	775	321
特別損失		
固定資産除却損	67	7
減損損失	36	56
投資有価証券評価損	179	636
その他	－	13
特別損失合計	283	713
税金等調整前当期純利益	14,598	12,693
法人税、住民税及び事業税	3,538	3,320
法人税等調整額	936	95
法人税等合計	4,474	3,416
当期純利益	10,124	9,277
非支配株主に帰属する当期純利益又は非支配株主に帰属する当期純損失（△）	2	△0
親会社株主に帰属する当期純利益	10,121	9,278

連結包括利益計算書

（単位：百万円）

	前連結会計年度 （自　2021年7月1日 至　2022年6月30日）	当連結会計年度 （自　2022年7月1日 至　2023年6月30日）
当期純利益	10,124	9,277
その他の包括利益		
その他有価証券評価差額金	△2,106	△3,613
為替換算調整勘定	－	66
持分法適用会社に対する持分相当額	△275	△20
その他の包括利益合計	※1 △2,382	※1 △3,567
包括利益	7,741	5,710
（内訳）		
親会社株主に係る包括利益	7,738	5,710
非支配株主に係る包括利益	2	△0

③ 連結株主資本等変動計算書

前連結会計年度（自　2021年7月1日　至　2022年6月30日）

（単位：百万円）

	株主資本				
	資本金	資本剰余金	利益剰余金	自己株式	株主資本合計
当期首残高	100	4,637	125,674	△18,414	111,997
会計方針の変更による累積的影響額			△19		△19
会計方針の変更を反映した当期首残高	100	4,637	125,655	△18,414	111,978
当期変動額					
剰余金の配当			△2,636		△2,636
親会社株主に帰属する当期純利益			10,121		10,121
自己株式の取得				△34,834	△34,834
自己株式の処分		△29		495	465
自己株式の消却		△2,267	△46,795	49,062	－
自己株式処分差損の振替		24	△24		－
株主資本以外の項目の当期変動額（純額）					
当期変動額合計	－	△2,272	△39,334	14,723	△26,883
当期末残高	100	2,365	86,320	△3,690	85,094

	その他の包括利益累計額		新株予約権	非支配株主持分	純資産合計
	その他有価証券評価差額金	その他の包括利益累計額合計			
当期首残高	7,674	7,674	492	48	120,212
会計方針の変更による累積的影響額					△19
会計方針の変更を反映した当期首残高	7,674	7,674	492	48	120,193
当期変動額					
剰余金の配当					△2,636
親会社株主に帰属する当期純利益					10,121
自己株式の取得					△34,834
自己株式の処分					465
自己株式の消却					－
自己株式処分差損の振替					－
株主資本以外の項目の当期変動額（純額）	△2,382	△2,382	△1	5	△2,379
当期変動額合計	△2,382	△2,382	△1	5	△29,263
当期末残高	5,291	5,291	490	53	90,930

当連結会計年度（自　2022年7月1日　至　2023年6月30日）

（単位：百万円）

	株主資本				
	資本金	資本剰余金	利益剰余金	自己株式	株主資本合計
当期首残高	100	2,365	86,320	△3,690	85,094
当期変動額					
剰余金の配当			△1,905		△1,905
親会社株主に帰属する当期純利益			9,278		9,278
自己株式の取得				△2,414	△2,414
自己株式の処分		△2		269	267
自己株式処分差損の振替		2	△2		－
株主資本以外の項目の当期変動額（純額）					
当期変動額合計	－	－	7,370	△2,145	5,225
当期末残高	100	2,365	93,690	△5,836	90,319

	その他の包括利益累計額			新株予約権	非支配株主持分	純資産合計
	その他有価証券評価差額金	為替換算調整勘定	その他の包括利益累計額合計			
当期首残高	5,291	－	5,291	490	53	90,930
当期変動額						
剰余金の配当						△1,905
親会社株主に帰属する当期純利益						9,278
自己株式の取得						△2,414
自己株式の処分						267
自己株式処分差損の振替						－
株主資本以外の項目の当期変動額（純額）	△3,633	66	△3,567	△35	△2	△3,605
当期変動額合計	△3,633	66	△3,567	△35	△2	1,619
当期末残高	1,657	66	1,724	454	51	92,549

④ 連結キャッシュ・フロー計算書

（単位：百万円）

	前連結会計年度 （自 2021年7月1日 至 2022年6月30日）	当連結会計年度 （自 2022年7月1日 至 2023年6月30日）
営業活動によるキャッシュ・フロー		
税金等調整前当期純利益	14,598	12,693
減価償却費	535	332
減損損失	36	56
のれん償却額	82	－
受取利息及び受取配当金	△40	△215
支払利息	51	122
為替差損益（△は益）	△1,430	△275
投資有価証券売却損益（△は益）	△10	△293
営業投資有価証券の増減額（△は増加）	△4,192	△2,817
投資有価証券評価損益（△は益）	179	636
違約金収入	△754	－
売上債権の増減額（△は増加）	△749	60
未収入金の増減額（△は増加）	691	△731
貸倒引当金の増減額（△は減少）	72	7
預け金の増減額（△は増加）	2,910	△47
長期前払費用の増減額（△は増加）	△435	△174
未払金の増減額（△は減少）	△245	328
未払消費税等の増減額（△は減少）	854	△890
契約負債の増減額（△は減少）	2,202	1,262
拠点再編費用引当金の増減額（△は減少）	△160	△16
その他	332	△957
小計	14,528	9,083
利息及び配当金の受取額	40	269
違約金の受取額	754	－
利息の支払額	△51	△88
法人税等の支払額又は還付額（△は支払）	△2,054	△4,674
営業活動によるキャッシュ・フロー	13,218	4,590
投資活動によるキャッシュ・フロー		
有形固定資産の取得による支出	△1,350	△429
投資有価証券の取得による支出	△4,000	△1,500
投資有価証券の売却による収入	2	293
関係会社株式の売却による収入	94	94
敷金の差入による支出	△548	△12
敷金の回収による収入	616	1,184
その他	△114	△70
投資活動によるキャッシュ・フロー	△5,299	△439
財務活動によるキャッシュ・フロー		
社債の発行による収入	－	7,700
自己株式の取得による支出	△34,886	△2,414
配当金の支払額	△2,637	△1,970
その他	7	△49
財務活動によるキャッシュ・フロー	△37,516	3,264
現金及び現金同等物に係る換算差額	1,398	252
現金及び現金同等物の増減額（△は減少）	△28,199	7,668
現金及び現金同等物の期首残高	94,824	66,624
現金及び現金同等物の期末残高	※1 66,624	※1 74,293

【注記事項】
(連結財務諸表作成のための基本となる重要な事項)

1. 連結の範囲に関する事項 ···

(1) 連結子会社の数及び連結子会社の名称 ·····················

連結子会社の数　25社

主要な連結子会社名

株式会社WFS

株式会社ポケラボ

グリーエンターテインメント株式会社

REALITY株式会社

Glossom株式会社

当連結会計年度において，DADAN株式会社，BLRD PTE.LTD.，QUANT株式会社，REALITY Studios株式会社，REALITY XR cloud株式会社，GREE LP Fund JP1号投資事業有限責任組合，GREE LP Fund US I,LP，GREE LP Fund US GP I,LLC及び GREE LP Fund US Holdings,LLC は新たに設立したため，連結の範囲に含めております。また，株式会社3ミニッツは清算結了したため，連結の範囲から除いております。

(2) 主要な非連結子会社の名称等 ·······························

主要な非連結子会社の名称

グリービジネスオペレーションズ株式会社

連結の範囲から除いた理由

非連結子会社は，いずれも小規模であり，合計の総資産，売上高，当期純損益（持分に見合う額）及び利益剰余金（持分に見合う額）等が，いずれも連結財務諸表に重要な影響を及ぼしていないため，連結の範囲から除外しております。

2. 持分法の適用に関する事項 ···

(1) 持分法適用の関連会社数2社 ·······························

主要な会社等の名称

AT-Ⅰ投資事業有限責任組合

AT-Ⅱ投資事業有限責任組合

(2) 持分法を適用しない非連結子会社及び関連会社の名称等 ············

主要な会社等の名称

非連結子会社

グリービジネスオペレーションズ株式会社

関連会社

ジープラ株式会社

持分法を適用しない理由

持分法非適用会社は，それぞれ当期純損益（持分に見合う額）及び利益剰余金（持分に見合う額）等が，いずれも連結財務諸表に及ぼす影響が軽微であり，かつ全体として重要性がないため，持分法の適用範囲から除外しております。

(3) 持分法適用会社のうち，決算日が連結決算日と異なる会社については，各社の事業年度に係る財務諸表を使用しております。 ····························

3. 連結子会社の事業年度等に関する事項 ·····························

連結子会社のうち，STRIVE株式会社の決算日は12月31日であります。連結財務諸表の作成にあたっては，連結決算日現在で実施した仮決算に基づく財務諸表を使用しております。その他の連結子会社の決算日は，連結決算日と一致しております。

4. 会計方針に関する事項 ··

(1) 重要な資産の評価基準及び評価方法 ·····························

有価証券

満期保有目的の債券

償却原価法（定額法）を採用しております。

その他有価証券

市場価格のない株式等以外のもの

　決算期末日の市場価格等に基づく時価法（評価差額は全部純資産直入法により処理し，売却原価は移動平均法により算定）を採用しております。

市場価格のない株式等

　移動平均法による原価法を採用しております。なお，投資事業有限責任組合及びそれに類する組合への出資（金融商品取引法第2条第2項により有価証券とみなされるもの）については，組合契約に規定される決算報告日に応じて入手可能な最近の決算書を基礎とし，持分相当額を純額で取り込む方法によっております。

(2)　重要な減価償却資産の減価償却の方法 ·····························

イ．有形固定資産

主として定率法を採用しております。

ただし，2016年4月1日以後取得した建物附属設備については，法人税法に規定する方法と同一の基準による定額法によっております。

なお，主な耐用年数は以下のとおりであります。

建物及び構築物　　　　　　8〜18年

工具，器具及び備品　　　　3〜15年

ロ．無形固定資産

自社利用のソフトウエア

社内における利用可能期間（2〜5年）に基づく定額法を採用しております。

(3)　重要な引当金の計上基準 ···

イ．貸倒引当金

債権の貸倒による損失に備えるため，一般債権については貸倒実績率により，貸倒懸念債権等特定の債権については個別に回収可能性を勘案し，回収不能見込額を計上しております。

ロ．賞与引当金

従業員に対して支給する賞与の支出に充てるため，支給見込額の当連結会計年度負担額を計上しております。

(4)　重要な収益及び費用の計上基準 ‥‥‥‥‥‥‥‥‥‥‥‥‥‥‥‥‥‥‥‥‥‥

当社グループの顧客との契約から生じる収益に関する主要な事業における主な履行義務の内容及び当該履　行義務を充足する通常の時点（収益を認識する通常の時点）は以下のとおりであります。

イ．顧客に対するアイテム課金に関わる収益

当社グループにおいて運営する「GREE」で配信しているゲームや他社プラットフォームで配信している各種スマートフォンゲーム及びバーチャルライブ配信アプリ「REALITY」について，アイテム課金等の方法により運営を行っております。アイテム課金については，顧客であるユーザーが当該アイテム等を用いてゲームを行い，当社グループがアイテムごとに定められた内容の役務提供を行うことで履行義務が充足されるものと判断しております。そのため，アプリ内アイテムを購入した時点以降のアイテム使用期間を見積り，当該見積期間に応じて収益を認識しております。取引の対価は履行義務を充足してから1年以内に受領しており，重要な金融要素は含まれておりません。

ロ．ライセンス収益

当社グループは，ゲーム配信権等の許諾を行っております。当該ゲーム配信権等の許諾に係る顧客からのライセンス収益については，ライセンスを顧客に供与する際の約束の性質がライセンス期間にわたり知的財産にアクセスする権利であるとみなし，一定の期間にわたり収益を認識しております。取引の対価は履行義務を充足してから1年以内に受領しており，重要な金融要素は含まれておりません。

ハ．業務受託契約に関わる収益

当社グループは，ソフトウエア受託開発を行っております。当該受託開発による顧客に対する履行義務は，顧客との契約内容に基づいて請負契約は成果物の提供を，準委任契約は役務提供をそれぞれ履行義務として識別しております。

進捗部分について進捗度を合理的に見積もることができる請負契約について は、原価総額の見積額に対する各報告期間の期末日までに発生した発生原価の 割合によって算出した進捗度に基づき収益を認識しております。なお、履行義 務の充足に係る進捗度を合理的に見積もることができないが、発生する費用を 回収することが見込まれる場合は、原価回収基準により収益を認識しておりま す。委任契約については、契約期間に対する役務提供の経過期間に応じて収益 を認識しております。取引の対価は履行義務を充足してから1年以内に受領し ており、重要な金融要素は含まれておりません。

(5) 重要な外貨建の資産又は負債の本邦通貨への換算の基準 ·····················

外貨建金銭債権債務は、連結決算日の直物為替相場により円貨に換算し、換 算差額は損益として処理しております。なお、在外子会社等の資産及び負債は、 連結決算日の直物為替相場により円貨に換算し、収益及び費用は期中平均相場 により円貨に換算し、換算差額は純資産の部における為替換算調整勘定に含めてお ります。

(6) 連結キャッシュ・フロー計算書における資金の範囲 ······················

手許現金、随時引き出し可能な預金及び容易に換金可能であり、かつ、価値の 変動について僅少なリスクしか負わない取得日から3ヶ月以内に償還期限の到来 する短期投資からなっております。

(重要な会計上の見積り)

非上場株式の評価　当社の連結財務諸表の作成に当たって行った会計上の見積 りの内容は、以下のとおりであります。

1. 当連結会計年度の連結財務諸表に計上した金額 ······························

営業投資有価証券（非上場株式）	1,408百万円
営業投資有価証券（投資事業有限責任組合等への出資）	18,166百万円
投資有価証券（非上場株式）	2,195百万円

2. 会計上の見積りの内容について連結財務諸表利用者の理解に資するその他の情報 ‥‥‥‥‥‥‥‥‥‥‥‥‥‥‥‥‥‥‥‥‥‥‥‥‥‥‥‥‥‥‥‥‥‥‥‥‥‥‥

当社グループは，業務提携及び投資育成を目的として，複数の非上場企業に対して投資先企業の将来の成長による超過収益力を見込んで，1株当たりの純資産額を基礎とした金額に比べて相当程度高い価額での投資を行っています。当該非上場株式の評価に当たっては，当該株式の投資時の超過収益力を反映した実質価額が著しく低下したときに，減損処理を行います。

非上場株式の評価において，投資先企業の投資時における超過収益力について毀損の有無を判断するに当たっては，投資先企業の投資時における事業計画の達成状況や，将来の成長性や業績に関する見通しを総合的に勘案して検討しております。当該検討には見積りの要素が含まれており，その主要な仮定は，事業計画に含まれる売上高及び営業利益を構成する重要な要素であります。見積りに用いた仮定の不確実性は高く，投資先の事業進捗の見通し等と実績に乖離が生じた場合には翌連結会計年度の連結財務諸表に影響を及ぼす可能性があります。

なお，投資事業有限責任組合等への出資については，組合契約に規定される決算報告に応じて入手可能な直近の決算書を基礎とし，持分相当額を純額で取り込む方法によって算定しております。

（会計方針の変更）
　（時価の算定に関する会計基準の適用指針の適用）
　「時価の算定に関する会計基準の適用指針」（企業会計基準適用指針第31号2021年6月17日。以下，「時価算定会計基準適用指針」という。）を当連結会計年度の期首から適用し，時価算定会計基準適用指針第272項に定める経過的な取扱いに従って，時価算定会計基準適用指針が定める新たな会計方針を将来にわたって適用することとしております。

なお，連結財務諸表に与える影響はありません。

（未適用の会計基準等）
・「法人税，住民税及び事業税等に関する会計基準」（企業会計基準第27号

2022年10月28日　企業会計基準委員会）

・「包括利益の表示に関する会計基準」（企業会計基準第25号　2022年10月28日　企業会計基準委員会）

・「税効果会計に係る会計基準の適用指針」（企業会計基準適用指針第28号　2022年10月28日　企業会計基準委員会）

(1)　概要

　　2018年2月に企業会計基準第28号「『税効果会計に係る会計基準』の一部改正」等（以下「企業会計基準第28号等」）が公表され，日本公認会計士協会における税効果会計に関する実務指針の企業会計基準委員会への移管が完了されましたが，その審議の過程で，次の2つの論点について，企業会計基準第28号等の公表後に改めて検討を行うこととされていたものが，審議され，公表されたものであります。

　　・税金費用の計上区分（その他の包括利益に対する課税）

　　・グループ法人税制が適用される場合の子会社株式等（子会社株式又は関連会社株式）の売却に係る税効果

(2)　適用予定日

　　2025年6月期の期首から適用します。

(3)　当該会計基準等の適用による影響

　　「法人税，住民税及び事業税等に関する会計基準」等の適用による連結財務諸表に与える影響額については，現時点で評価中であります。

（表示方法の変更）

　（連結キャッシュ・フロー計算書関係）

　前連結会計年度において，「営業活動によるキャッシュ・フロー」の「その他」に含めておりました「未払消費税等の増減額（△は減少）」は，重要性が増したため，当連結会計年度より独立掲記することとしております。この表示方法の変更を反映させるため，前連結会計年度の連結財務諸表の組替えを行っております。

　この結果，前連結会計年度の連結キャッシュ・フロー計算書において，「営業活動によるキャッシュ・フロー」の「その他」に表示していた1,186百万円は，「未

払消費税等の増減額（△は減少）」854百万円，「その他」332百万円として組替えております。

（1） 財務諸表

① 貸借対照表

（単位：百万円）

	前事業年度 （2022年6月30日）	当事業年度 （2023年6月30日）
資産の部		
流動資産		
現金及び預金	40,392	46,544
売掛金	※1 1,779	※1 1,232
未収入金	※1 3,961	※1 2,019
営業投資有価証券	22,244	－
金銭の信託	12,000	24,000
その他	※1 716	※1 787
貸倒引当金	△1	△0
流動資産合計	81,092	74,582
固定資産		
有形固定資産		
建物	1,740	1,822
構築物	－	11
工具、器具及び備品	482	428
有形固定資産合計	2,222	2,262
無形固定資産		
ソフトウェア	2	1
無形固定資産合計	2	1
投資その他の資産		
投資有価証券	8,237	8,520
関係会社株式	1,799	1,910
関係会社長期貸付金	12,814	9,980
繰延税金資産		665
その他	2,604	1,348
貸倒引当金	△7,503	△6,755
投資その他の資産合計	17,952	15,668
固定資産合計	20,177	17,932
資産合計	101,270	92,514

	前事業年度 （2022年6月30日）	当事業年度 （2023年6月30日）
負債の部		
流動負債		
1年内償還予定の社債	–	5,000
未払金	※1 3,467	※1 2,666
未払法人税等	1,951	–
契約負債	1,740	1,606
預り金	81	※1 9,199
賞与引当金	516	281
拠点再編費用引当金	16	–
資産除去債務	173	–
その他	※2 400	521
流動負債合計	8,347	19,275
固定負債		
社債	8,000	10,700
繰延税金負債	977	–
資産除去債務	735	785
その他	54	52
固定負債合計	9,767	11,537
負債合計	18,115	30,813
純資産の部		
株主資本		
資本金	100	100
資本剰余金		
資本準備金	2,365	2,365
資本剰余金合計	2,365	2,365
利益剰余金		
その他利益剰余金		
繰越利益剰余金	78,600	63,657
利益剰余金合計	78,600	63,657
自己株式	△3,690	△5,836
株主資本合計	77,375	60,286
評価・換算差額等		
その他有価証券評価差額金	5,290	960
評価・換算差額等合計	5,290	960
新株予約権	490	454
純資産合計	83,155	61,701
負債純資産合計	101,270	92,514

② 損益計算書

（単位：百万円）

	前事業年度 （自　2021年7月1日 至　2022年6月30日）	当事業年度 （自　2022年7月1日 至　2023年6月30日）
売上高	※2 14,919	※2 11,949
売上原価	※2 4,205	※2 4,149
売上総利益	10,714	7,800
販売費及び一般管理費	※1,※2 5,712	※1,※2 5,143
営業利益	5,001	2,657
営業外収益		
受取利息	※2 41	※2 162
受取配当金	※2 615	※2 2,660
為替差益	2,459	－
その他	50	8
営業外収益合計	3,166	2,831
営業外費用		
支払利息	51	※2 131
為替差損	－	28
貸倒引当金繰入額	299	－
支払手数料	55	51
その他	30	58
営業外費用合計	435	270
経常利益	7,732	5,218
特別利益		
投資有価証券売却益	10	270
関係会社株式売却益	4	－
違約金収入	754	－
その他	10	※2 25
特別利益合計	780	295
特別損失		
減損損失	36	50
投資有価証券評価損	179	620
固定資産除却損	58	5
その他	－	13
特別損失合計	274	691
税引前当期純利益	8,237	4,822
法人税、住民税及び事業税	1,775	1,220
法人税等調整額	478	643
法人税等合計	2,253	1,864
当期純利益	5,984	2,958

売上原価明細書

区分	注記番号	前事業年度 (自 2021年7月1日 至 2022年6月30日)		当事業年度 (自 2022年7月1日 至 2023年6月30日)	
		金額（百万円）	構成比 (%)	金額（百万円）	構成比 (%)
Ⅰ 労務費		1,832	43.6	1,624	39.2
Ⅱ 経費	※1	1,845	43.9	1,628	39.2
Ⅲ 営業投資売上原価		527	12.5	896	21.6
売上原価		4,205	100.0	4,149	100.0

※1. 主な内訳は，次のとおりであります。

前事業年度 (自 2021年7月1日 至 2022年6月30日)	当事業年度 (自 2022年7月1日 至 2023年6月30日)
経費の主要な内訳は次のとおりであります。	経費の主要な内訳は次のとおりであります。
賃借料　　　　　　567百万円 業務委託費　　　　630百万円 減価償却費　　　　313百万円	賃借料　　　　　　641百万円 業務委託費　　　　751百万円 減価償却費　　　　155百万円

③ 株主資本等変動計算書

前事業年度（自　2021年7月1日　至　2022年6月30日）

（単位：百万円）

| | 株主資本 | | | | | | | |
| | 資本金 | 資本剰余金 | | | 利益剰余金 | | 自己株式 | 株主資本合計 |
		資本準備金	その他資本剰余金	資本剰余金合計	その他利益剰余金 繰越利益剰余金	利益剰余金合計		
当期首残高	100	2,365	2,272	4,637	122,223	122,223	△18,414	108,546
当期変動額								
剰余金の配当					△2,636	△2,636		△2,636
当期純利益					5,984	5,984		5,984
自己株式の取得							△34,834	△34,834
自己株式の処分			△29	△29			495	465
自己株式の消却			△2,267	△2,267	△46,795	△46,795	49,062	−
自己株式処分差損の振替			24	24	△24	△24		−
減資								−
会社分割による減少					△150	△150		△150
株主資本以外の項目の当期変動額（純額）								
当期変動額合計	−	−	△2,272	△2,272	△43,622	△43,622	14,723	△31,171
当期末残高	100	2,365	−	2,365	78,600	78,600	△3,690	77,375

| | 評価・換算差額等 | | 新株予約権 | 純資産合計 |
	その他有価証券評価差額金	評価・換算差額等合計		
当期首残高	7,665	7,665	492	116,703
当期変動額				
剰余金の配当				△2,636
当期純利益				5,984
自己株式の取得				△34,834
自己株式の処分				465
自己株式の消却				−
自己株式処分差損の振替				−
減資				−
会社分割による減少				△150
株主資本以外の項目の当期変動額（純額）	△2,375	△2,375	△1	△2,377
当期変動額合計	△2,375	△2,375	△1	△33,548
当期末残高	5,290	5,290	490	83,155

当事業年度（自　2022年7月1日　至　2023年6月30日）

（単位：百万円）

	株主資本							
	資本金	資本剰余金			利益剰余金		自己株式	株主資本合計
		資本準備金	その他資本剰余金	資本剰余金合計	その他利益剰余金	利益剰余金合計		
					繰越利益剰余金			
当期首残高	100	2,365	–	2,365	78,600	78,600	△3,690	77,375
当期変動額								
剰余金の配当	–	–	–	–	△1,905	△1,905	–	△1,905
当期純利益	–	–	–	–	2,958	2,958	–	2,958
自己株式の取得	–	–	–	–	–	–	△2,414	△2,414
自己株式の処分	–	–	△2	△2	–	–	269	267
自己株式処分差損の振替	–	–	2	2	△2	△2	–	–
会社分割による減少					△15,993	△15,993		△15,993
株主資本以外の項目の当期変動額（純額）								
当期変動額合計	–	–	–	–	△14,943	△14,943	△2,145	△17,088
当期末残高	100	2,365	–	2,365	63,657	63,657	△5,836	60,286

| | 評価・換算差額等 | | 新株予約権 | 純資産合計 |
	その他有価証券評価差額金	評価・換算差額等合計		
当期首残高	5,290	5,290	490	83,155
当期変動額				
剰余金の配当	–	–	–	△1,905
当期純利益	–	–	–	2,958
自己株式の取得	–	–	–	△2,414
自己株式の処分	–	–	–	267
自己株式処分差損の振替	–	–	–	–
会社分割による減少	–	–	–	△15,993
株主資本以外の項目の当期変動額（純額）	△4,329	△4,329	△35	△4,365
当期変動額合計	△4,329	△4,329	△35	△21,454
当期末残高	960	960	454	61,701

【注記事項】
　（重要な会計方針）
1　有価証券の評価基準及び評価方法 ・・
（1）　満期保有目的の債券 ・・・
　　償却原価法（定額法）を採用しております。

（2）　子会社株式及び関連会社株式 ・・
　　移動平均法による原価法を採用しております。

（3）　その他有価証券 ・・・
イ．市場価格のない株式等以外のもの
　　事業年度末日の市場価格等に基づく時価法（評価差額は全部純資産直入法に
　より処理し，売却原価は移動平均法により算定）を採用しております。
ロ．市場価格のない株式等
　　移動平均法による原価法を採用しております。なお，投資事業有限責任組合
　及びそれに類する組合への出資（金融商品取引法第2条第2項により有価証券
　とみなされるもの）については，組合契約に規定される決算報告日に応じて入
　手可能な最近の決算書を基礎とし，持分相当額を純額で取り込む方法によって
　おります。

2　固定資産の減価償却の方法 ・・
（1）　有形固定資産 ・・
　　主として定率法を採用しております。　ただし，2016年4月1日以降取得し
　た建物附属設備については，法人税法に規定する方法と同一の基準による定額法
　によっております。
（2）　無形固定資産 ・・
　　自社利用のソフトウエア
　　社内における利用可能期間（2〜5年）に基づく定額法を採用しております。

3　引当金の計上基準 ･･･

(1)　貸倒引当金 ･･

　債権の貸倒による損失に備えるため，一般債権については貸倒実績率により，貸倒懸念債権等特定の債権については個別に回収可能性を勘案し，回収不能見込額を計上しております。

(2)　賞与引当金 ･･

　従業員に対して支給する賞与の支出に充てるため，支給見込額の当事業年度負担額を計上しております。

4　外貨建の資産及び負債の本邦通貨への換算基準 ･････････････････････････

　外貨建金銭債権債務は，事業年度末日の直物為替相場により円貨に換算し，換算差額は損益として処理しております。

5　収益及び費用の計上基準 ･･･

　当社の顧客との契約から生じる収益に関する主要な事業における主な履行義務の内容及び当該履行義務を充足する通常の時点（収益を認識する通常の時点）は以下のとおりであります。

(1)　顧客に対するアイテム課金に関わる収益 ･････････････････････････････

　当社において運営する「GREE」で配信しているゲーム及び他社プラットフォームで配信している各種スマートフォンゲームについて，アイテム課金等の方法により運営を行っております。アイテム課金については，顧客であるユーザーが当該アイテムを用いてゲームを行い，当社がアイテムごとに定められた内容の役務提供を行うことで履行義務が充足されるものと判断しております。そのため，アプリ内アイテムを購入した時点以降のアイテム使用期間を見積り，当該見積期間に応じて収益を認識しております。取引の対価は履行義務を充足してから1年以内に受領しており，重要な金融要素は含まれておりません。

（2）　子会社からの経営指導料に関わる収益 ·································

　当社における経営指導料に関わる収益は，子会社への契約内容に応じた受託業務の提供に応じて一定の期間にわたり履行義務を充足することから，契約期間にわたり受託業務の提供に応じて収益を認識しております。取引の対価は履行義務を充足してから１年以内に受領しており，重要な金融要素は含まれておりません。

（重要な会計上の見積り）

　非上場株式の評価

　　当社の財務諸表の作成に当たって行った会計上の見積りの内容は，以下のとおりであります。

（1）　当事業年度の財務諸表に計上した金額 ·································

　投資有価証券（非上場株式）　　　473百万円

（2）　会計上の見積りの内容について財務諸表利用者の理解に資するその他の情報 ·································

　連結財務諸表「注記事項（重要な会計上の見積り）」に同一の内容を記載しておりますので，注記を省略しております。

（会計方針の変更）

　（時価の算定に関する会計基準の適用指針の適用）

　「時価の算定に関する会計基準の適用指針」（企業会計基準適用指針第31号2021年6月17日。以下，「時価算定会計基準適用指針」という。）を当事業年度の期首から適用し，時価算定会計基準適用指針第27-2項に定める経過的な取扱いに従って，時価算定会計基準適用指針が定める新たな会計方針を将来にわたって適用することとしております。

　なお，財務諸表に与える影響はありません。

（表示方法の変更）

　（貸借対照表）

　前事業年度において「流動負債」の「その他」に含めていた「預り金」は，金額的重要性が増加したため，当事業年度より独立掲記することといたしました。この表示方法の変更を反映させるため，前事業年度の財務諸表の組替えを行っております。

　この結果，前事業年度の貸借対照表において，「流動負債」の「その他」481百万円は，「預り金」81百万円,「その他」400百万円として組み替えております。

第2章

情報通信・IT業界の "今"を知ろう

企業の募集情報は手に入れた。しかし，それだけではまだ不十分。企業単位ではなく，業界全体を俯瞰する視点は，面接などでもよく問われる重要ポイントだ。この章では直近1年間の運輸業界を象徴する重大ニュースをまとめるとともに，今後の展望について言及している。また，章末には運輸業界における有名企業（一部抜粋）のリストも記載してあるので，今後の就職活動の参考にしてほしい。

▶▶人をつなぐ，世界をつなぐ

情報通信・IT 業界の動向

> 「情報通信・IT」は，情報通信や情報技術に関わる業界である。
> 時代は「パソコン」から，スマートフォン，タブレット端末といっ
> た「モバイル」へとシフトしている。

❖ IT情報サービスの動向

　情報技術 (IT) の適用範囲は，さまざまな企業や職種，そして個人へと加速度的に広がっている。2022年の国内IT市場規模は，前年比3.3％増の6兆734億円となった。ITサービス事業者の業務にリモートワークが定着し，停滞していた商談やプロジェクト，サービス提供が回復したことが要因と見られる。

　引き続きスマートフォンが市場を牽引しているが，今後，海外市場での需要の高まりなどを背景に，設備投資を拡大する組立製造，電力自由化において競争力強化を行う電力／ガス事業，eコマース（EC）がSNSを中心とした新たなチャネルへ移行している情報サービスなどで，高い成長率が期待される。

　また，クラウド化やテレワーク対応などのデジタルトランスフォーメーション（DX）需要がコロナ禍において急増，コロナ後も需要は継続している。

●グローバルな再編が進むIT企業

　新しいツールを駆使したビジネスにおいて，進化の早い技術に対応し，標準的なプラットフォームを構築するためにも，グローバル化は避けて通れない道である。2016年，世界第3位のコンピューターメーカーの米Dellが，ストレージ（外部記憶装置）最大手のEMCを約8兆円で買収した。この巨大買収によって誕生した新生Dellは，仮想化ソフト，情報セキュリティ，クラウド管理サービスなど事業領域を大幅に拡大する。国内企業では，システム構築で業界トップのNTTデータが，2016年3月にDellのITサービ

ス部門を買収した。買収額は約3500億円で，NTTグループでは過去3番目の大型買収である。NTTデータは，2000年代後半から国内市場の成長鈍化を見据えて，欧米を中心にM＆Aを展開してきた。過去12年間で約6000億円を投じ，50社以上を買収したことで，2006年3月期に95億円だった海外売上高は2018年3月期には9080億となっている。同期の全売上高は2兆1171億円で，半分近くを海外での売上が占めている。また，NTTグループは2016年から，産業ロボット大手のファナックとも協業を開始している。ファナックは，製造業のIoT（Internet of Things＝すべてのもののインターネット化）を実現するためのシステム開発を進めており，この運用開始に向けて，ビジネスの拡大をともに目指している。

ソフトバンクグループもまた，2016年に約3.3兆円で，英半導体設計大手のARMを買収した。日本企業による海外企業買収では，過去最大の規模となる。ARMは，組み込み機器やスマートフォン向けCPUの設計で豊富な実績を持つ企業であり，この買収の狙いも「IoT」にある。あらゆるものをインターネットに接続するためには，携帯電話がスマホになったように，モノ自体をコンピューター化する必要がある。近い将来，IoTが普及すれば，ARM系のCPUがあらゆるものに搭載される可能性につながっていく。

●IoT，ビッグデータ，AI —— デジタル変革の波

IT企業のグローバル化とともに，近年注目を集めているのが「デジタルトランスフォーメーション（デジタル変革）」である。あらゆる情報がIoTで集積され，ビッグデータやAI（人工知能）を駆使して新たな需要を見出し，それに応える革新的なビジネスモデルが次々と登場している。

2022年から2023年にかけて話題をさらったのは，米オープンAI社による「チャットGPT」だった。AIによる自然で高度な会話に大きな注目が集まった。米マイクロソフトは2023年1月にオープンAIへの1兆円規模の追加融資を発表。チャットGPTを組み込んだ検索や文章作成などの新サービスを次々と発表した。

生成AIは従来のAIに比べて性能が飛躍的に向上。前出の文章作成に加え，プログラミングやAIアートなど，その用途は多岐にわたる。今後は生成AIを活用した業務・サービス改善にも注目が集まる。

●サービスのトレンドは，シェアリングエコノミー

シェアリングエコノミーとは，インターネットを通じて個人や企業が保有

している使っていない資産の貸し出しを仲介するサービスのこと。たとえば，自動車を複数人で利用する（ライドシェア），空き家や駐車場，オフィスを有効活用する（スペースシェア）などがある。

　米国のウーバーが提供しているのは「自動車を利用したい人」と「自動車を所有していて空き時間のある人」をマッチングする配車・カーシェアリングサービス。サービスはアプリに集約されており，GPSで利用者の位置情報を把握して，配車する。車の到着時間といった情報もスマートフォンを通して的確に伝えられる。ウーバーには，2017年にソフトバンクが出資しており，2018年10月にはソフトバンクとトヨタ自動車が新しいモビリティサービスの構築に向けた提携で合意，新会社も設立した。国内のライドシェアサービスには，オリックス自動車や三井不動産レアルティなど，駐車場やレンタカー事業を運営していた大手企業も参入している。

　スペースシェアとしては，家の有効活用として，民泊サービスで有名なエアービー・アンド・ビーがある。このほかにも，駐車場のシェアサービスが，パーク24といった駐車場大手企業も参加して始まっている。また，フリマアプリの「メルカリ」やヤフーオークションも，不要物の再活用という意味でモノのシェアといえる。モノをシェア/再活用するニーズは，若者を中心に広がっており，小売大手の丸井グループがブランドバッグのシェアサービス「Laxus」と事業提携するなど，今後，成長が期待できる分野といえる。

❖ 通信サービスの動向

　携帯通信業界は，自前の回線を有するNTTドコモ，KDDI（au），ソフトバンクの3社（キャリア）を中心に伸びてきた。総務省によれば，日本の携帯電話の契約数は2022年3月の時点で2億302万件となっている。スマホの普及により，高齢者や10代の利用者が増加しており，市場としては，引き続き右肩上がりの成長となっている。しかし，その一方で，たとえばソフトバンク全体の事業において，国内の固定・携帯電話で構成される国内通信事業の売上高は，すでに4割を割っている。NTTグループでも，NTTデータとNTT都市開発の売上高が，全体の2割にまで伸びており，ITサービスカンパニーとして軸足を海外事業に移している。KDDIもまた，住友商事と共にモンゴルやミャンマーで携帯事業に参入してトップシェアを獲得す

るなど，海外進出を拡大させている。国内の通信事業は成熟期を迎えており，今後，契約件数の伸びが期待できないなか，大手3社は新たな収益の実現に向けて，事業領域を拡大する段階に入っている。

●楽天モバイル「0円プラン」廃止で競争激化

　総務省は，2016年よりNTTドコモ，KDDI（au），ソフトバンクの携帯大手に対して，高止まりしているサービス料金の引き下げを目的に，スマートフォンの「実質0円販売」の禁止など，さまざまな指導を行ってきた。2019年10月施行の改正電気通信事業法では，通信契約を条件とする2万円以上の端末値引きが禁じられるとともに，途中解約への違約金上限も大幅に下げられた。

　なかでも有効な政策となっているのが，格安スマホ業者（MVNO）への支援である。MVNOは，通信インフラを持つ大手3社の回線を借りて，通信や通話サービスを提供する事業者のこと。総務省の後押しなどもあり，MVNOの事業者数は2019年3月の時点で1000社を超えた。また，利用者も着実に増えており，調査会社MM総研によると，格安スマホの契約回線数は，2020年3月末には1500万件を超えた。

　モバイル市場全体に占める割合を順調に伸ばしてきたMVNOだが，ここにきてやや苦戦が見られる。大手キャリアが投入する格安プランの好調により，割安感の低下が響いたことが原因に挙げられる。話題となった「0円プラン」が廃止となり，顧客離れの影響を大きく受けた楽天モバイルは，KDDI回線のデータ使用量を無制限にした「Rakuten 最強プラン」を2023年6月に開始したが，巻き返しには至っていない。

●IoTへの対応を見据えた5G

　技術面で注目を集めているのが，2020年に商用化された次世代通信規格の5Gである。5Gは，現行の4Gに比べ，大容量，同時多接続，低遅延・高信頼性，省電力・低コストといった特徴がある。IoTの普及に必須のインフラ技術とされており，これまでの通信規格に求められてきたものに加え，将来期待されるさまざまなサービスへの対応も求められている。低遅延化・高信頼性については，たとえば，自動車の自動運転のような安全・確実性が求められるサービスにおいては必須の要件となる。また，同時多接続は，今後，携帯電話だけでなく，IoTで接続される機器の爆発的な増加が予想されることから，4Gの100倍の接続数が求められている。

キャリア各社はすでに，コンテンツサービスの拡充，ロボットの遠隔操作，自動運転などの実証実験を進めている。MVNOに対して，スマートフォン向け回線サービスは提供されたとしても，すべてのサービスが対象となるかは不透明といえる。5Gの普及によって，キャリアの携帯ゆえに享受できるサービスが大きく進化すれば，料金の安さでMVNOを選択している利用者の判断にも影響が出る可能性もある。

❖ e コマース（EC）市場の動向

インターネットを通じて商品やサービスを売買する「eコマース」（EC）は順調に拡大しており，経済産業省の発表では，2021年の消費者向け（BtoC）電子商取引の市場規模は20兆6950億円となった。

市場を牽引してきたのは，楽天とアマゾン，そして，YahooやZOZOを傘下に抱えるZホールディングスである。楽天やZホールディングスは企業や個人の出品者に売り場を提供する「モール型」，アマゾンは自社で商品を仕入れる「直販型」が主流だったが，近年はアマゾンも「モール型」のビジネスを取り入れている。また，会費制の「アマゾン プライム」では，映画や音楽の無料視聴，写真データの保存など，多くのサービスを展開している。2017年4月からは生鮮食品を扱う「アマゾン フレッシュ」を開始，ネットスーパー業界にも進出した。楽天は米ウォルマートと業務提携し，ネットスーパーを開始するほか，朝日火災海上保険（楽天損害保険）や仮想通貨交換業のみんなのビットコインを買収するなど，通販以外の分野にも投資を続けている。Zホールディングスは21年3月には LINEを経営統合。両者の顧客基盤を掛け合わせた新たなサービスを模索し，国内首位を目指している。

コロナ禍の巣篭もり特需で，3社とも売上を大きく伸ばした。利用習慣の定着化により，中小企業や個人の販売も拡大している。

●フリマアプリの躍進と越境ECの伸長

フリマアプリでは「メルカリ」が国内で強さを誇る。メルカリは，個人間（CtoC）による物品売買を行うスマホアプリとして，2013年7月に国内サービスを開始した。誰でも簡単にスマホで売りたいものを撮影して，マーケットプレイスに出品できる手軽さと，個人情報を知られずに取引を完了できるといったきめ細かいサービスが爆発的人気の背景にある。しかし，新型

コロナウイルスによる巣ごもり特需が終了し，EC市場に逆風が吹いたこともあり，やや伸び悩みが見られる。2022年の6月期決算では売上高は1470億円と前年比38.6％増となったが，営業利益はマイナス37億と赤字決算になってしまった。

　「越境EC」といわれる海外向けのネット通販も，市場を拡大している。中国ではモバイル端末の普及が進み，中国インターネット情報センター（CNNIC）の発表では2020年6月時点でネット利用者は9億人とされている。2019年の中国国内EC売上高は約204兆円に達し，越境ECも10兆円を超えている。2014年に，中国最大のECサイト・アリババが海外業者向けの「天猫国際」を開設した。現在，メーカーから流通，小売まで，多くの日本企業が出店し，大きな成果を上げている。にサービスを開始し，2016年，2017年には中国における越境ECのトップシェアを獲得している。同社は，2017年には日本支社も設立，認知拡大，商品の仕入れ活動を本格化させている。経済産業省によると，2017年度の中国人による越境ECを通じた日本からの購入金額は1兆2978億円だった。日本の事業者にとって，越境ECの利用は，海外に直接出店するリスクがなく，マーケットは広がり，初期投資を抑えながら海外進出を狙えるメリットがある。

情報通信・IT 業界

直近の業界各社の関連ニュースを
ななめ読みしておこう。

Google、生成AIで企業需要開拓　Microsoftに対抗

米グーグルが文章や画像を自動で作る生成AI（人工知能）で企業需要の開拓に本腰を入れる。生成AIを組み込んだサービスを開発するための基盤を整え、コストを左右する半導体の自社開発も強化する。企業向けで先行する米マイクロソフトに対抗し、早期の投資回収につなげる。

グーグルのクラウドコンピューティング部門で最高経営責任者（CEO）を務めるトーマス・クリアン氏が日本経済新聞の取材に応じた。同氏は「経済が不安定で一部の企業がIT（情報技術）投資を減速させる一方、AIを使って業務を自動化するプロジェクトが増えてきた」と述べた。

同社はクラウド部門を通じて企業に生成AI関連のサービスを提供する。クリアン氏はサービス開発に使う大規模言語モデルなどの種類を増やし、企業が目的に応じて選べるようにすることが重要だと指摘した。自社開発に加え外部からも調達する方針で、米メタや米新興企業のアンソロピックと連携する。

半導体の調達や開発も強化する。AI向けの画像処理半導体（GPU）を得意とする米エヌビディアとの関係を強め、同社の最新モデル「GH200」を採用する。一方、自社開発も強化し、学習の効率を従来の2倍に高めた「TPU」の提供を始めた。クリアン氏は人材採用などにより開発体制をさらに強化する考えを示した。

グーグルは生成AIを使った米ハンバーガーチェーン大手、ウェンディーズの受注システムの開発を支援したほか、米ゼネラル・モーターズ（GM）と車載情報システムへの対話AIの組み込みで協力している。企業による利用を増やすため、「成果を上げやすいプロジェクトを一緒に選定し、コストなどの効果を測定しやすくする」（クリアン氏）としている。

大手企業に加えて、伸び代が大きい新興企業の取り込みにも力を入れる。クリアン氏は生成AI分野のユニコーン企業の70％、外部から資金提供を受けたAI

新興企業の50%が自社の顧客であると説明した。グーグルのサービスを使うと学習や推論の効率を2倍に高められるといい、「資金の制約が大きい新興勢の支持を受けている」と説明した。

生成AIの企業向けの提供では米オープンAIと資本・業務提携し、同社の技術を利用するマイクロソフトが先行した。同社のサティア・ナデラCEOは4月、「すでにクラウド経由で2500社が利用し、1年前の10倍に増えた」と説明している。グーグルも企業のニーズにきめ細かく応えることで追い上げる。

生成AIの開発と利用に欠かせない高性能のGPUは奪い合いとなっており、価格上昇も著しい。この分野で世界で約8割のシェアを握るエヌビディアの2023年5〜7月期決算は売上高が前年同期比2倍、純利益が9倍に拡大した。生成AI開発企業にとっては先行投資の負担が高まる一方で、株式市場では「投資回収の道筋が明確ではない」といった声もある。グーグルやマイクロソフトなどのIT大手にも早期の収益化を求める圧力が強まっており、安定した取引が見込める企業需要の開拓が課題となっている。

各社が生成AIの投資回収の手段として位置付けるクラウド分野では、世界シェア首位の米アマゾン・ドット・コムをマイクロソフトが追い上げている。グーグルは3番手が定着しているが、クリアン氏は「(生成AIで業界構図が)変わる。将来を楽観している」と述べた。長年にわたって世界のAI研究をリードしてきた強みを生かし、存在感を高める考えだ。

(2023年9月3日　日本経済新聞)

Apple、日本拠点40周年　アプリ経済圏460億ドルに

米アップルは8日、アプリ配信サービス「アップストア」経由で提供された日本の商品やサービスの売上高が2022年に計460億ドル(約6兆5500億円)にのぼったと発表した。今年6月に拠点設立から丸40年を迎えた日本で、アップルの存在感は大きい。一方で規制強化の動きなど逆風もある。

ティム・クック最高経営責任者(CEO)は「我々は日本のものづくりの匠(たくみ)の技とデザインが持つ付加価値などについて話し合っている。記念すべき40周年を共に祝えて誇りに思う」とコメントを出した。日本の「アプリ経済圏」の460億ドルのうち、小規模な開発業者の売り上げは20〜22年に32%増えたという。

1976年に故スティーブ・ジョブズ氏らが創業したアップル。7年後の83年6

月に日本法人を設けた。それまでは東レなどがパソコン「アップル2」の販売
代理店を担い、日本法人の立ち上げ後も一時はキヤノン系が販売を請け負った。
2003年には海外初の直営店を東京・銀座に開店し、今は福岡市や京都市など
に10店舗を構える。

もともとジョブズ氏は禅宗に通じ、京都を好むなど日本に明るいことで知られ
た。ソニーを尊敬し、創業者の盛田昭夫氏が死去した1999年のイベントでは
盛田氏の写真をスクリーンに映して「新製品を彼に喜んでほしい」と追悼の意
を表した。

01年に携帯音楽プレーヤー「iPod」を発売すると、「ウォークマン」やCDの
規格で主導していたソニーから音楽業界の主役の座を奪った。日本の家電メー
カーにとっては驚異的な存在だったとも言える。

アップルから見ると、日本は製造・販売両面で重要拠点だ。主力スマートフォ
ン「iPhone」で国内の電子部品市場は拡大し、1000社近い巨大なサプライ
チェーン（供給網）を築いた。「アプリ関連やサプライヤーで100万人を超え
る日本の雇用を支えている。過去5年間で日本のサプライヤーに1000億ドル
以上を支出した」と説明する。

販売面では一人勝ち状態が続く。調査会社MM総研（東京・港）によると、
22年のスマホの国内シェアはアップルが約49％と半分に迫り、携帯電話シェ
アで12年から11年連続で首位に立つ。タブレットのシェアも約50％、スマー
トウオッチも約60％にのぼる。

「爆発的に普及するとは全く思わなかった」。ジョブズ氏と縁のあった孫正義氏
が率いていたソフトバンクが「iPhone3G」を独占販売する際、他の通信大手
幹部は「冷ややかな目で見ていた」と振り返る。だが、iPhone人気でソフトバ
ンクは新規顧客を集め、通信業界の勢力図を塗り替えた。11年にはKDDI、
13年にNTTドコモが追随し、後に政府から批判される値引き競争や複雑な料
金プランにつながっていく。

日本の存在感の大きさはアップルの決算発表にも表れる。資料では毎回、米州、
欧州、中華圏、日本、その他アジア太平洋地域という5つの地域別売上高を
開示する。単体の国として分けているのは日本だけで、米テクノロジー大手で
は珍しい。

最近は陰りも見える。足元の日本の売上高は前年同期比11％減で、売上高全
体における比率は6％にとどまった。円安や値引き販売の抑制などが理由だが、
アップル関係者からは「製造も販売も我々は既にインドを見ている」という声
も上がる。

アプリ経済圏の先行きも不透明だ。政府のデジタル市場競争会議は6月、他社が運営する代替アプリストアをアップルが受け入れるよう義務付けるべきだと指摘した。販売減少や規制強化といった逆風を越えられるか——。次の40年に向けた新たな施策が求められる。

（2023年8月8日　日本経済新聞）

初任給、建設・ITで大幅増　若手確保に企業奔走

初任給を大幅に引き上げる企業が相次いでいる。2023年度の初任給伸び率ランキングをみると建設や運輸業界、情報ソフト、通信業界での引き上げが目立つ。新型コロナウイルス禍から経済活動が正常化に進む中、若手確保に動く企業が多いようだ。

日本経済新聞社が実施した23年度の採用計画調査をもとに大卒初任給の前年度比伸び率ランキングを作成。調査は4月4日までに主要企業2308社から回答を得た。

首位は商業施設の設計・施工などを手掛けるラックランドで30.7％増の26万6600円だった。初任給の引き上げは16年ぶりだ。加えて入社4年目まで基本給を底上げするベースアップ（ベア）を毎年3％実施する。施工管理者から営業、設計、メンテナンスまで幅広い人材獲得を目指す。

背景にあるのが年々増す採用の厳しさだ。人事担当者は「22年度は内定辞退が増え採用目標数を割った」と言う。引き上げ後の初任給は全業界平均22万8471円を大きく上回った。6月に解禁した24年卒の採用活動では社長面談の時期を早めるなど学生の獲得策を強化しており、「内定承諾のペースは昨年と比べると速い」という。

石油精製・販売の三愛オブリも大卒初任給を24.9％引き上げ26万円とした。同社は23年度に手当の一部を基本給に組み入れる賃金制度の改定で全社員の基本給が大幅増となった。空港の給油施設運営などを手掛けるなかで空港内作業者の初任給も同水準で引き上げており「採用に弾みをつけたい」とする。

航海士など特殊な技術や知識を要する人材も奪い合いだ。業種別の初任給伸び率ランキングで首位だった海運は業界全体で6.7％増と大幅に伸ばした。なかでもNSユナイテッド海運は大卒初任給で21.1％増の26万3700円。2年連続で初任給を引き上げた。

ゲームなどを含む情報ソフトや金融関連、通信業界なども初任給引き上げが顕

著だ。IT（情報技術）エンジニア確保が目的だ。実際、企業ランキング2位は
スクウェア・エニックス・ホールディングス。全社員の給与も平均10%引き
上げており、「物価高騰に加え新たに優秀な人材の獲得強化を見込む」とする。
実はゲーム業界に初任給引き上げドミノが起きている。バンダイナムコエン
ターテインメントは22年度に大卒初任給を前年度比25%上げて29万円とし
た。カプコンなども22年度に実施。23年度にはスクウェア・エニックスに加
え任天堂が1割増の25万6000円とした。中堅ゲーム会社幹部は「（優秀な人
材の）つなぎ留めのために賃上げをしないと、他社に流出してしまう」と危機
感を隠さない。

金融も初任給の引き上げが目立った。三井住友銀行は初任給を16年ぶりに引
き上げ、大卒で24.4%増の25万5000円とした。スマホ金融などの強化に
必要なデジタル人材はあらゆる業界で奪い合いになっている。

三井住友銀に続き、みずほフィナンシャルグループは24年に5万5000円、
三菱UFJ銀行も同年に5万円、それぞれ初任給を引き上げることを決めている。
ネット専業銀行や地方銀行も相次ぎ初任給引き上げに走っている。

一方、初任給の伸びが低かったのが鉄鋼業界。前年比ほぼ横ばいだった。初任
給は春季労使交渉で決まる場合が多く、鉄鋼大手は効率化などを目的に交渉を
2年に1度としている。23年は労使交渉がなかったことが影響したとみられる。
倉庫・運輸関連は前年比0.9%増、水産や自動車・部品が1%増となった。例
年に比べれば高い賃上げ率だが、各業界とも初任給の全体平均額を下回ってい
る。

過去にも人手不足感が高まると、初任給を引き上げる傾向が強まった。しかし
23年は企業の焦りが感じられる。初任給伸び率が2.2%増となり、10年以降
で最大の伸び率となっているのだ。24年度以降の持続性もカギとなりそうだ。
法政大学の山田久教授は「全体の賃金上昇傾向が続くかは経済の情勢次第で不
透明感が残るが、初任給引き上げ競争は今後も続くだろう」とみる。少子高齢
化で若年労働人口が減る中、企業はIT人材から現場労働者まで若手の採用力
強化が必須となっている。 （2023年6月18日　日本経済新聞）

NVIDIAとTSMC、生成AIに専用半導体　年内投入へ

半導体設計大手の米エヌビディアと半導体受託生産首位の台湾積体電路製造
（TSMC）が、生成AI向けの専用半導体を年内に投入する。AIが回答を導き出

す過程の速度を前世代品に比べて最大12倍にする。半導体は「新型コロナウ
イルス特需」の反動で市況が悪化するなか、米台の2強が次の成長分野でリー
ドを固める。

「(AI向け半導体の)需要は非常に強い。サプライチェーン(供給網)のパートナー
とともに増産を急いでいる」

エヌビディアのジェンスン・ファン最高経営責任者(CEO)は30日、台北市
内で記者会見し、生成AI向け市場の成長性を強調した。台湾出身のファン氏
は同日開幕したIT(情報技術)見本市「台北国際電脳展」(コンピューテック
ス台北)に合わせて訪台した。

エヌビディアはAI分野で広く使われる画像処理半導体(GPU)を手掛け、AI
向け半導体で世界シェア8割を握る。「Chat(チャット)GPT」に代表される
対話型の生成AIの急速な進化を受け、AIのデータ処理に特化した専用半導体
を年内に投入する。

エヌビディアが設計した半導体をTSMCが量産する。AIが質問への回答を導
き出す「推論」のスピードを前世代品に比べて最大12倍に速める。

生成AIサービスの多くは、データセンターのサーバー上で開発・運用されてい
る。GPUは膨大なデータをAIに学ばせて回答の精度を上げていく「学習」と、
利用者から質問などを受けてAIが答えを導く「推論」の両方に使われる。

特にエヌビディアのGPUは「(AI用途への)最適化が進んでおり、大きな先行
者優位がある」(台湾調査会社トレンドフォースの曾伯楷アナリスト)。

チャットGPTを開発した米新興オープンAIは、サービス開発に約1万個の
GPUを用いているとされる。トレンドフォースは技術の高度化に伴い、今後
は一つのサービスを開発・運用するのに3万個以上のGPUが必要になると予
測する。

ゲームや動画編集に使われる一般的なGPUは市販価格が1個10万円以下の
ものもあるが、AI向け高性能GPUは100万円を優に超える。需要が伸びれ
ば市場全体へのインパクトも大きい。

独調査会社スタティスタは、生成AIがけん引するAI向け半導体の市場規模が、
2028年に21年比で12倍の1278億ドル(約18兆円)に急拡大すると予測
する。半導体市場全体が22年時点で80兆円規模だったのと比べても存在感
は大きい。

エヌビディアを支えるのは、半導体の量産技術で世界トップを走るTSMCだ。
新たに投入する生成AI向け半導体を含め、AI向け高性能GPUを独占的に生
産する。

両社の関係は1990年代半ばに遡る。創業間もないエヌビディアは、生産委託先の確保に苦しんでいた。台湾出身のファンCEOが頼ったのは当時、半導体受託生産で躍進しつつあったTSMC創業者の張忠謀（モリス・チャン）氏だった。

張氏が電話で直接交渉に応じ、両社の取引がスタートしたという。以後30年近くにわたり、TSMCはゲームからパソコン、AI向けに至る幅広い製品を供給してきた。

近年はAI向け半導体の性能向上の鍵を握る「パッケージング技術」の開発で関係を深めている。異なる機能を持つ複数の半導体を一つのパッケージに収め、効率よく連動させる技術だ。

エヌビディアは2010年代中盤にいち早く同技術をGPUに採用。量産技術を開発するTSMCと二人三脚で、性能向上を実現してきた。

生成AI向け半導体の開発競争は激化が見込まれる。米グーグルや米アマゾン・ドット・コムといったIT大手が、独自に半導体の設計に乗り出している。両社ともエヌビディアの大口顧客だが、自前の半導体開発によってサービスの差別化やコスト低減を狙う。

そのIT大手も半導体の生産は外部委託に頼らざるを得ない。エヌビディアとTSMCの緊密な関係は、今後の競争で有利に働く可能性がある。

20年〜22年前半にかけて好調が続いた世界の半導体市場は、足元で厳しい状況にある。コロナ特需の反動でパソコンやスマホ、ゲーム機などの販売が落ち込み、全体的な市況の回復は24年になるとの見方が強い。TSMCは23年12月期通期に前の期比で減収（米ドルベース）を見込む。

生成AIはスマホなどに代わる半導体市場のけん引役となることが期待される。TSMCの魏哲家CEOは4月中旬の記者会見で「AI向けの需要は強く、業績成長の原動力となる」と強調した。

ファン氏も30日の記者会見で「我々は間違いなく、生成AIの新時代の始まりにいる」と述べ、業界が大きな成長局面に入りつつあると指摘した。生成AIの進化を支える製品を供給できるかが、市場全体の成長を左右する。

（2023年5月30日　日本経済新聞）

5G網整備へ技術者争奪　携帯電話大手4社、14%増員

高速通信網を整備する技術者の争奪が激しい。携帯大手4社は2022年3月

末に技術者を前年同期比14％増やした。転職者の平均年収も新型コロナウイルス禍のときと比較して2割上昇した。足元ではIT（情報技術）・通信エンジニアの転職求人倍率は全体を大きく上回っている。

高速通信規格「5G」の利用区域を広げるため需要は高まる。通信基盤を支える人材の不足が続けば日本のデジタル化に響きかねない。

総務省の調査によると、携帯大手4社の無線従事者や保守などの技術者数は22年3月末時点で計3万5400人だった。

企業ごとに定義の異なる部分はあるものの、前年同期比の伸び率は楽天モバイルが最大の34％増の3500人。次いでソフトバンクが28％増の1万800人、NTTドコモが7％増の1万2100人、KDDIが5％増の8800人と続いた。

5Gの通信速度は4Gの最大100倍で遅延したときの影響は10分の1に低下するとされる。スマートシティーや自動運転、工場機器の遠隔制御などに生かせば、新たなビジネスにつながる。

30年ごろには次世代の6Gへの移行が始まる見込みだが、技術革新とともに複雑なネットワーク構築を求められる。

ソフトバンクの担当者は「災害対策に加えて、5G基地局の整備のために技術者を増やしている」と説明する。KDDIも基地局の保守・運用に関わる技術者の需要は引き続き大きいとみる。

新型コロナで社会のデジタル化の要請が高まり、通信業界の技術者不足は厳しさを増す。KDDIなどで大規模な通信障害が相次いだことも通信網の重要性を意識させた。

人材サービス大手のエン・ジャパンによると、エンジニアが転職した際の22年の平均年収は新型コロナで底となった20年比19％増の519万円だった。

同社で通信業界を担当する星野玲氏は「通信業界は人材獲得が難しい。売り手市場で適正水準を上回る年収を示す事例が多い」と話す。従来は700万円程度が上限だったが、いまは900万円ほどに上がっているという。

携帯大手が求めるネットワーク技術者の22年の求人数は20年より45％増えた。パーソルキャリアの転職サービスのdoda（デューダ）によると、足元の23年2月のIT・通信エンジニアの転職求人倍率は10.19倍で、全体の2.15倍を上回った。

問題はこうした需要をまかなうだけの人材がいないことだ。経済産業省は30年に国内で最大79万人のIT人材が不足すると予測する。

政府は電力・ガス、道路、鉄道などのインフラ点検で規制を緩和し、ドローンや人工知能（AI）の導入を促す。通信でも保守・運用を自動化すれば余剰人員

を競争分野に振り向けることができる。

稲田修一早大教授は「通信業界は他分野に比べて省人化が進んでいるとは言えない」として改善が不可欠だと指摘する。

総務省によると、5Gの全国人口カバー率は22年3月末時点で93%とまだ行き渡っていない。新型コロナで露呈したデジタル化の遅れを取り戻すためにも、5G網づくりを急ぐ必要がある。

（2023年4月19日　日本経済新聞）

IT業界特化のSNSアプリ　HonneWorks

企業の平均年収をまとめたウェブサイトを運営するHonneWorks（ホンネワークス、神奈川県茅ケ崎市）は、IT（情報技術）業界で働く会社員向けに特化したSNS（交流サイト）アプリの提供を始める。利用者は匿名で参加できるが、ホンネワークスが職場のメールアドレスから勤務先を確認する点が特徴。信頼度の高い情報の交換につなげ、転職希望者に役立ててもらう。事業拡大に備え、ベンチャーキャピタル（VC）のゼロイチキャピタルなどからJ-KISS型新株予約権方式で約3000万円を調達した。

（2023年3月7日　日本経済新聞）

ITエンジニア、転職年収2割増　製造業や金融で引き合い

IT（情報技術）エンジニアについて、製造業や金融など非IT系の事業会社に転職した際の年収の上昇が目立つ。2022年までの2年間で2割上がり、エンジニア全体の平均を上回った。デジタルトランスフォーメーション（DX）化などを背景に、社内のシステム構築などの業務が増えた。IT業界以外の企業は、社内にITに詳しい人材が少ない。即戦力となる経験者を中心に高い年収を提示し獲得を急いでいる。

東京都在住の30代男性は、22年12月にITシステムの開発企業から鋼材系メーカーの社内システムエンジニア（SE）に転職した。自社のITインフラの整備をしている。転職で年収は50万円ほど上がった。

以前はクライアント先のシステム開発を担当していた。自社のシステムは利用者からの反応なども確認しやすく、やりがいを感じるという。

人材サービス大手のエン・ジャパンによると、同社の運営する人材紹介サービス「エン エージェント」を通じて決まったITエンジニアの転職のうち、非IT企業の初年度年収（転職決定時、中央値）は22年が516万円。ITエンジニア全体（511万円）を上回る。

上昇率も同様だ。非IT企業は新型コロナウイルスの感染が広がった20年に比べ95万円（22.6%）高い。ITエンジニア全体（21.4%）に比べ、伸びの勢いが目立つ。

背景にあるのが新型コロナ禍を契機とした、IT人材の不足だ。パーソルキャリア（東京・千代田）の転職サービスのdoda（デューダ）のまとめでは、22年12月のIT・通信エンジニアの中途採用求人倍率は12.09倍。全体（2.54倍）を大きく上回った。経済産業省は30年に日本で最大79万人のIT人材が不足すると予測する。

新型コロナの感染拡大で非IT系業種も含め、ビジネス現場のデジタル化が加速した。リモートでの就業環境を整えるだけでなく、経営の中にデジタル化をどう位置づけ推進するのかといった課題が生まれた。

既存システムの安定稼働やメンテナンスといったコロナ禍前からの業務に加え、リモート化や各種セキュリティー強化に取り組む人材が必要になった。

経営管理の観点からは、中長期のIT戦略投資の立案や社内の人材育成も求められるようになった。5年以上のIT実務の経験者や、経営を視野に入れITプロジェクトを進められるミドル層の需要が高まった。特に非IT系業種はこうした人材資源がIT企業に比べ薄く、中途採用を活用せざるを得ない。

dodaによると、22年10～12月期のITエンジニアの新規求人のうち、年収が700万円以上の件数は35%だった。19年同期の19%から16ポイント増えた。大浦征也doda編集長は「事業会社は経験者を採用できなければ競合に後れを取るとの意識がある」としたうえで「採用基準を下げるのではなく、賃金を引き上げてでも人材を獲得しようという動きが強まった」とみる。

中途採用をいかしデジタル関連業務の内製化を進めることで、コストの削減も期待できる。クレディセゾンは19年にITエンジニアの中途採用を始め、20年以降も即戦力となる30～40代を中心に獲得を進める。同社は「内製した案件の開発コストは外部依頼の場合と比べ、21～22年度の累計で約6割削減できる見通し」と説明する。

（2023年2月8日　日本経済新聞）

▶ 労働環境

職種：代理店営業　　年齢・性別：20代後半・男性

・以前は年功序列の風潮でしたが，今は実力主義になってきています。
・会社への利益貢献ができ，上司の目に留まれば出世は早いでしょう。
・自己PRが上手で，失敗・成功に関わらず原因分析できることが重要。
・上司の目に留まらなければ，芽が出ないまま転職する人も。

職種：システムエンジニア　　年齢・性別：20代後半・男性

・転勤が本当に多く，それは女性も例外ではありません。
・入社時に「総合職は転勤があるが大丈夫か？」と確認されます。
・3～7年で異動になりますが，その都度転勤の可能性があります。
・家庭を持っている人や家を持っている人は単身赴任になることも。

職種：法人営業　　年齢・性別：30代前半・男性

・残業は月に20時間程度で，ワークライフバランスがとりやすいです。
・休日出勤はほとんどなく，1年に数回あるかどうかです。
・有給休暇はしっかりと取れるので，休暇の計画は立てやすいです。
・子どもの各種行事に積極的に参加している人も周りに多くいます。

職種：営業アシスタント　　年齢・性別：20代前半・女性

・全体的にかなり風通しの良い職場です。
・飲み会や遊びの計画が多く，社員同士の仲はとても良いです。
・社員の年齢層は比較的若めで，イベント好きな人が多い印象です。
・東京本社の場合，ワンフロアになっており全体が見渡せる作りです。

▶福利厚生

職種：代理店営業　　年齢・性別：20代後半・男性

・独身のうちは社宅（寮）に入ることができます。
・社宅は多少年数が経っていますが，きれいな物が多いです。
・家賃もかなり安くて，住宅補助についてはかなり満足できます。
・住宅補助以外にも，保養施設や通勤補助は非常に充実しています。

職種：法人営業　　年齢・性別：20代前半・男性

・多くの企業のスポンサーのため，各種チケットをもらえたりします。
・某有名遊園地の割引券も手に入ります。
・住居手当，育児休暇など福利厚生全般はかなり充実しています。
・通常の健康診断以外にも人間ドックを無料で受けることができます。

職種：マーケティング　　年齢・性別：20代後半・男性

・各種福利厚生は充実しており，なかでも住宅補助は手厚いです。
・社宅は借り上げで月1～2万円で，家賃10万以上の物件に住めます。
・社宅住まいの場合，年収に換算すると年100万弱の手当となります。
・健康診断・人間ドック，フィットネスなども利用できます。

職種：ネットワーク設計・構築　　年齢・性別：30代後半・男性

・福利厚生は充実しており，有給休暇は2年目から年20日もらえます。
・夏季休暇は5日，年末年始は6日の休暇が付与されます。
・労働組合が強いため，サービス残業はなく，残業代は全額出ます。
・残業時間は，職場にもよりますが，月20～30時間程度かと思います。

▶仕事のやりがい

職種：営業マネージャー　　年齢・性別：40代後半・男性
- 大規模な通信インフラの構築や保守に力を入れています。
- 通信業界の技術進歩は目覚ましいものがあり，夢があります。
- 数年後にどんなサービスができるか予想できない面白さがあります。
- 人々の日常生活に欠かせないものに携われるやりがいがあります。

職種：販促企画・営業企画　　年齢・性別：20代後半・男性
- 企画部門では若手でもやりがいのある大きな仕事を任されます。
- 関わる部門や担当が多岐にわたる場合，調整が大変なことも。
- 事務系社員は2～3年毎にジョブローテーションがあります。
- 常に自身のキャリアパスをしっかり考えておくことが重要です。

職種：法人営業　　年齢・性別：30代前半・男性
- やった分だけ成果としてあらわれるところが面白いです。
- チームプレイの難しさはありますが，勉強になることが多いです。
- 自分個人で考える部分とチームで動くところのバランスが大切。
- お客様に革新的な製品を常に提案できるのは素晴らしいと思います。

職種：経営企画　　年齢・性別：20代前半・男性
- 良くも悪くも完全に社長トップダウンの会社です。
- 会社の成長度に関しては日本随一だと思います。
- 日々学ぶことが多く，熱意をもって取り組めば得るものは大きいです。
- 驚くぐらい優秀な人に出会えることがあり，非常に刺激になります。

▶ブラック？ホワイト？

職種：ネットワークエンジニア　　年齢・性別：30代後半・男性

・会社全体のコミュニケーションが弱く，情報共有がされにくいです。
・会社のどこの部署が何を行っているかわかりません。
・分野が違う情報は同期などのツテを頼って芋づる式に探す有様です。
・製品不具合情報等の横展開もほとんどなく，非常に効率が悪いです。

職種：代理店営業　　年齢・性別：20代後半・男性

・殿様商売と世間では言われていますが，まさにその通り。
・過去の遺産を食いつぶしているような経営方針で不安になります。
・消費者の声はほぼ届かず，上からの声だけ受け入れている感じです。
・40代後半の上層部はかなりの保守派で，時代の流れに抗っています。

職種：プロジェクトリーダー　　年齢・性別：30代前半・男性

・裁量労働制なので，残業代はありません。
・みなし労働時間は，月35時間残業相当の専門職手当が支払われますが，その範囲で業務が収まるわけがなく，長時間の残業が発生します。
・残業前提のプロジェクト計画で黒字を目論む企業体質は健在です。

職種：システムエンジニア　　年齢・性別：20代後半・男性

・裁量労働制が導入されてからは残業が常態化しています。
・定時で帰ろうものなら「あれ？　何か用事？」と言われます。
・以前は45時間以上残業する際は申請が必要なほどでしたが，裁量労働制導入後は残業が75時間を越えても何も言われません。

▶ 女性の働きやすさ

職種：代理店営業　　年齢・性別：30代前半・男性

- 女性の労働環境がかなり整っている会社だと思います。
- 出産時に一旦休み，復帰してくるケースは多いです。
- 復帰後も時間短縮勤務ができるため，退職する女性は少ないです。
- 会社側は女性の活用について，今後も更に取り組んでいくようです。

職種：システムエンジニア　　年齢・性別：20代前半・男性

- 住宅手当など，既婚者が働きやすい環境づくりに力を入れています。
- 産休・育休など社内の既婚者はほとんど活用されているようですが，実力主義という点はどうしてもあるので覚悟は必要です。
- 産休・育休で仕事ができなくなる人は，部署移動や給与にも影響。

職種：社内SE　　年齢・性別：20代後半・女性

- 産休，育休を使う人も多く，女性にはとても良い環境だと思います。
- 外部講師を招き，女性の環境向上のためのセミナーなどもあります。
- 会社として女性の待遇にとても力を入れているのを感じます。
- 年配の上司によっては，差別的な見方の方もまだ若干いますが。

職種：システムエンジニア　　年齢・性別：20代後半・女性

- 課長，部長，統括部長，事業部長に，それぞれ女性が就いています。
- 育児休暇制度が整っていて，復帰して働く女性が年々増えています。
- 時短勤務になるため男性に比べて出世は遅くなるようです。
- 子育てをしながら管理職に昇進できる環境は整っています。

▶今後の展望

職種：営業　　年齢・性別：30代前半・男性
- 国内市場は飽和状態のため，海外へ行くしかないと思いますが，経営陣に難があるためグローバル進出は難しいかもしれません。
- アジアを中心に市場開拓していますが，先行きは不透明です。
- 金融事業は好調のため，引き続き当社の主軸となるでしょう。

職種：サービス企画　　年齢・性別：20代後半・男性
- 事業規模が非常に大きく，現在は非常に安定しています。
- 国内に閉じた事業内容なので，今後の伸びしろは微妙かと。
- 海外進出の計画もあるようですが，目立った動きはまだありません。
- 業種的にグローバル展開の意義はあまりないのかもしれません。

職種：新規事業・事業開発　　年齢・性別：20代後半・男性
- 携帯事業以外の新規事業を模索している段階です。
- OTTプレーヤーと言われる企業に勝るサービスの創出に難航中。
- 今までの成功体験や仕事のやり方からの脱却がカギだと思います。
- グローバル化にも程遠く，海外志向の人にはオススメできません。

職種：営業　　年齢・性別：20代後半・男性
- 安定した収益基盤があり，しばらくは安定して推移すると思います。
- 通信をベースに，周辺の事業領域が拡大する余地もあると思います。
- 今後は海外展開（特にアジア圏）を積極的に進めていくようです。
- 日本市場が今後縮小していく中，海外展開は大きなカギになります。

情報通信・IT 業界　国内企業リスト（一部抜粋）

会社名	本社住所
NEC ネッツエスアイ株式会社	文京区後楽 2-6-1 飯田橋ファーストタワー
株式会社システナ	東京都港区海岸 1 丁目 2 番 20 号 汐留ビルディング 14F
デジタルアーツ株式会社	東京都千代田区大手町 1-5-1 大手町ファーストスクエア ウエストタワー 14F
新日鉄住金ソリューションズ 株式会社	東京都中央区新川二丁目 20-15
株式会社コア	東京都世田谷区三軒茶屋一丁目 22 番 3 号
株式会社ソフトクリエイト ホールディングス	東京都渋谷区渋谷 2 丁目 15 番 1 号 渋谷クロスタワー
IT ホールディングス株式会社	東京都新宿区西新宿 8-17-1 住友不動産新宿グランド タワー 21F（総合受付 14F）
ネオス株式会社	東京都千代田区神田須田町 1-23-1 住友不動産神田ビル 2 号館 10F
株式会社電算システム	岐阜県岐阜市日置江 1 丁目 58 番地
グリー株式会社	東京都港区六本木 6-10-1 六本木ヒルズ森タワー
コーエーテクモ ホールディングス株式会社	神奈川県横浜市港北区箕輪町 1 丁目 18 番 12 号
株式会社三菱総合研究所	東京都千代田区永田町二丁目 10 番 3 号
株式会社ボルテージ	東京都渋谷区恵比寿 4-20-3　恵比寿ガーデンプレイス タワー 28 階
株式会社 電算	長野県長野市鶴賀七瀬中町 276-6
株式会社 ヒト・コミュニケーションズ	東京都豊島区東池袋 1-9-6
株式会社ブレインパッド	東京都港区白金台 3-2-10 白金台ビル
KLab 株式会社	東京都港区六本木 6-10-1 六本木ヒルズ森タワー
ポールトゥウィン・ピットクルー ホールディングス株式会社	東京都新宿区西新宿 2-4-1　新宿 NS ビル 11F
株式会社イーブック イニシアティブジャパン	東京都千代田区神田駿河台 2-9 KDX 御茶ノ水ビル 7F
株式会社　ネクソン	東京都中央区新川二丁目 3 番 1 号
株式会社アイスタイル	東京都港区赤坂 1-12-32 号 アーク森ビル 34 階
株式会社 エムアップ	東京都渋谷区渋谷 2-12-19 東建インターナショナルビル本館 5 階

会社名	本社住所
株式会社エイチーム	名古屋市西区牛島町 6 番 1 号 名古屋ルーセントタワー 36F
株式会社ブロードリーフ	東京都品川区東品川 4-13-14 グラスキューブ品川 8F
株式会社ハーツユナイテッドグループ	東京都港区六本木六丁目 10 番 1 号 六本木ヒルズ森タワー 34 階
株式会社ドワンゴ	東京都中央区銀座 4-12-15 歌舞伎座タワー
株式会社ベリサーブ	東京都新宿区西新宿 6-24-1 西新宿三井ビル 14 階
株式会社マクロミル	東京都港区港南 2-16-1 品川イーストワンタワー 11F
株式会社ティーガイア	東京都渋谷区恵比寿 4-1-18
株式会社豆蔵ホールディングス	東京都新宿区西新宿 2-1-1 新宿三井ビルディング 34 階
テクマトリックス株式会社	東京都港区高輪 4 丁目 10 番 8 号 京急第 7 ビル
GMO ペイメントゲートウェイ株式会社	東京都渋谷区道玄坂 1-14-6 渋谷ヒューマックスビル（受付 7 階）
株式会社ザッパラス	東京都渋谷区渋谷 2 丁目 12 番 19 号 東建インターナショナルビル
株式会社インターネットイニシアティブ	東京都千代田区神田神保町 1-105 神保町三井ビルディング
株式会社ビットアイル	東京都品川区東品川 2-5-5 HarborOne ビル 5F
株式会社 SRA ホールディングス	東京都豊島区南池袋 2-32-8
株式会社朝日ネット	東京都中央区銀座 4-12-15 歌舞伎座タワー 21 階
パナソニック インフォメーションシステムズ株式会社	大阪府大阪市北区茶屋町 19 番 19 号
株式会社フェイス	京都市中京区烏丸通御池下る虎屋町 566-1 井門明治安田生命ビル
株式会社野村総合研究所	東京都千代田区丸の内 1-6-5　丸の内北口ビル
サイバネットシステム株式会社	東京都千代田区神田練塀町 3 番地 富士ソフトビル
株式会社インテージホールディングス	東京都千代田区神田練塀町 3 番地 インテージ秋葉原ビル
ソースネクスト株式会社	東京都港区虎ノ門 3-8-21　虎ノ門 33 森ビル 6 階
株式会社クレスコ	東京都港区港南 2-15-1 品川インターシティ A 棟 25 階〜 27 階
株式会社フジ・メディア・ホールディングス	東京都港区台場二丁目 4 番 8 号
株式会社 オービック	東京都中央区京橋 2 丁目 4 番 15 号

会社名	本社住所
TDC ソフトウェア エンジニアリング株式会社	東京都渋谷区代々木 3-22-7 新宿文化クイントビル
ヤフー株式会社	東京都港区赤坂 9-7-1 ミッドタウン・タワー
トレンドマイクロ株式会社	東京都渋谷区代々木 2-1-1　新宿マインズタワー
日本オラクル株式会社	東京都港区北青山 2-5-8
株式会社アルファシステムズ	川崎市中原区上小田中 6 丁目 6 番 1 号
フューチャーアーキテクト 株式会社	東京都品川区大崎 1-2-2 アートヴィレッジ大崎セントラルタワー
株式会社シーエーシー	東京都中央区日本橋箱崎町 24 番 1 号
ソフトバンク・テクノロジー 株式会社	東京都新宿区西五軒町 13-1　飯田橋ビル 3 号館
株式会社トーセ	京都市下京区東洞院通四条下ル
株式会社オービックビジネス コンサルタント	東京都新宿区西新宿六丁目 8 番 1 号 住友不動産新宿オークタワー 32F
伊藤忠テクノソリューションズ 株式会社	東京都千代田区霞が関 3-2-5　霞が関ビル
株式会社アイティフォー	東京都千代田区一番町 21 番地 一番町東急ビル
株式会社 東計電算	神奈川県川崎市中原区市ノ坪 150
株式会社　エックスネット	東京都新宿区荒木町 13 番地 4　住友不動産四谷ビル 4 階
株式会社大塚商会	東京都千代田区飯田橋 2-18-4
サイボウズ株式会社	東京都文京区後楽 1-4-14 後楽森ビル 12F
ソフトブレーン株式会社	東京都中央区八重洲 2-3-1 住友信託銀行八重洲ビル 9 階
株式会社アグレックス	東京都新宿区西新宿 2 丁目 6 番 1 号 新宿住友ビル
株式会社電通国際情報サービス	東京都港区港南 2-17-1
株式会社 EM システムズ	大阪市淀川区宮原 1 丁目 6 番 1 号 新大阪ブリックビル
株式会社ウェザーニューズ	千葉県千葉市美浜区中瀬 1-3 幕張テクノガーデン
株式会社 CIJ	神奈川県横浜市西区平沼 1-2-24　横浜 NT ビル
ネットワンシステムズ株式会社	東京都千代田区丸の内二丁目 7 番 2 号　JP タワー
株式会社アルゴグラフィックス	東京都中央区日本橋箱崎町 5-14 アルゴ日本橋ビル
ソフトバンク株式会社	東京都港区東新橋 1-9-1

第**3**章

就職活動のはじめかた

入りたい会社は決まった。しかし「就職活動とはそもそ
も何をしていいのかわからない」「どんな流れで進むか
わからない」という声は意外と多い。ここでは就職活
動の一般的な流れや内容，対策について解説していく。

▶就職活動のスケジュール

| **3**月 | **4**月 | **6**月 |

就職活動スタート

> 2025年卒の就活スケジュールは,経団連と政府を中心に議論され,2024年卒の採用選考スケジュールから概ね変更なしとされている。

エントリー受付・提出

OB・OG訪問

> 企業の説明会には積極的に参加しよう。独自の企業研究だけでは見えてこなかった新たな情報を得る機会であるとともに,モチベーションアップにもつながる。また,説明会に参加した者だけに配布する資料などもある。

合同企業説明会　　個別企業説明会

筆記試験・面接試験等始まる（3月～）

内々定（大手企業）

2月末までにやっておきたいこと

就職活動が本格化する前に，以下のことに取り組んでおこう。
　　◎自己分析　◎インターンシップ　◎筆記試験対策
　　◎業界研究・企業研究　◎学内就職ガイダンス
自分が本当にやりたいことはなにか，自分の能力を最大限に活かせる会社はどこか。自己分析と企業研究を重ね，それを文章などにして明確にしておき，面接時に最大限に活用できるようにしておこう。

7月	8月	10月

中小企業採用本格化

内定者の数が採用予定数に満たない企業, 1年を通して採用を継続している企業,夏休み以降に採用活動を実施企業（後期採用）は採用活動を継続して行っている。大企業でも後期採用を行っていることもあるので,企業から内定が出ても,納得がいかなければ継続して就職活動を行うこともある。

中小企業の採用が本格化するのは大手企業より少し遅いこの時期から。HPなどで採用情報をつかむとともに,企業研究も怠らないようにしよう。

内々定とは10月1日以前に通知（電話等）されるもの。内定に関しては現在協定があり,10月1日以降に文書等にて通知される。

内々定（中小企業）　　　**内定式（10月～）**

どんな人物が求められる?

多くの企業は,常識やコミュニケーション能力があり,社会のできごとに高い関心を持っている人物を求めている。これは「会社の一員として将来の企業発展に寄与してくれるか」という視点に基づく,もっとも普遍的な選考基準だ。もちろん,「自社の志望を真剣に考えているか」「自社の製品,サービスにどれだけの関心を向けているか」という熱意の部分も重要な要素になる。

就活ロールプレイ！

就職活動のスタート

内定までの道のりは，大きく分けると以下のようになる。

自　己　分　析

企　業　研　究

エントリーシート・筆記試験・面接

内　　定

01 まず自己分析からスタート

就職活動とは，「企業に自分をPRすること」。自分自身の興味，価値観に加えて，強み・能力という要素が加わって，初めて企業側に「自分が働いたら，こういうポイントで貢献できる」と自分自身を売り込むことができるようになる。

■自分の来た道を振り返る

自己分析をするための第一歩は，「振り返ってみる」こと。

小学校，中学校など自分のいた "場" ごとに何をしたか（部活動など），何を学んだか，交友関係はどうだったか，興味のあったこと，覚えている印象的なことを書き出してみよう。

■テストを受けてみる

"自分では気がついていない能力" を客観的に検査してもらうことで，自分に向いている職種が見えてくる。下記の5種類が代表的なものだ。

①職業適性検査　　②知能検査　　③性格検査

④職業興味検査　　⑤創造性検査

■先輩や専門家に相談してみる

　就職活動をするうえでは，"いかに他人に自分のことをわかってもらうか"が重要なポイント。他者の視点で自分を分析してもらうことで，より客観的な視点で自己PRができるようになる。

自己分析の流れ

❑過去の経験を書いてみる

❑現在の自己イメージを明確にする…行動，考え方，好きなものなど。

❑他人から見た自分を明確にする

❑将来の自分を明確にしてみる…どのような生活をおくっていたいか。期待，夢，願望。なりたい自分はどういうものか，掘り下げて考える。→自己分析結果を，志望動機につなげていく。

01 企業の絞り込み

　志望企業の絞り込みについての考え方は大きく分けて2つある。

　第1は，同一業種の中で1次候補，2次候補……と絞り込んでいく方法。

　第2は，業種を1次，2次，3次候補と変えながら，それぞれに2社程度ずつ絞り込んでいく方法。

　第1の方法では，志望する同一業種の中で，一流企業，中堅企業，中小企業，縁故などがある歯止めの会社……というふうに絞り込んでいく。

　第2の方法では，自分が最も望んでいる業種，将来好きになれそうな業種，発展性のある業種，安定性のある業種，現在好況な業種……というふうに区別して，それぞれに適当な会社を絞り込んでいく。

02 情報の収集場所

・キャリアセンター

・新聞

・インターネット

・企業情報

　『就職四季報』（東洋経済新報社刊），『日経会社情報』（日本経済新聞社刊）などの企業情報。この種の資料は本来“株式市場”についての資料だが，その時期の景気動向を含めた情報を仕入れることができる。

・経済雑誌

　『ダイヤモンド』（ダイヤモンド社刊）や『東洋経済』（東洋経済新報社刊），『エコノミスト』（毎日新聞出版刊）など。

・OB・OG／社会人

①成長力

　まず"売上高"。次に資本力の問題や利益率などの比率。いくら資本金があっても，それを上回る膨大な借金を抱えていて，いくら稼いでも利払いに追われまくるようでは，成長できないし，安定できない。

　成長力を見るには自己資本率を割り出してみる。自己資本を総資本で割って100を掛けると自己資本率がパーセントで出てくる。自己資本の比率が高いほうが成長力もあり安定度も高い。

　利益率は純利益を売上高で割って100を掛ける。利益率が高ければ，企業はどんどん成長するし，社員の待遇も上昇する。利益率が低いということは，仕事がどんなに忙しくても利益にはつながらないということになる。

②技術力

　技術力は，短期的な見方と長期的な展望が必要になってくる。研究部門が適切な規模か，大学など企業外の研究部門との連絡があるか，先端技術の分野で開発を続けているかどうかなど。

③経営者と経営形態

　会社が将来，どのような発展をするか，または衰退するかは経営者の経営哲学，経営方針によるところが大きい。社長の経歴を知ることも必要。創始者の息子，孫といった親族が社長をしているのか，サラリーマン社長か，官庁などからの天下りかということも大切なチェックポイント。

④社風

　社風というのは先輩社員から後輩社員に伝えられ，教えられるもの。社風もいろいろな面から必ずチェックしよう。

⑤安定性

　企業が成長しているか，安定しているかということは車の両輪。どちらか片方の回転が遅くなっても企業はバランスを失う。安定し，しかも成長する。これが企業として最も理想とするところ。

⑥待遇

　初任給だけを考えてみても，それが手取りなのか，基本給なのか。基本給というのはボーナスから退職金，定期昇給の金額にまで響いてくる。また，待遇というのは給与ばかりではなく，福利厚生施設でも大きな差が出てくる。

■そのほかの会社比較の基準

1. ゆとり度

休暇制度は，企業によって独自のものを設定しているところもある。「長期休暇制度」といったものなどの制定状況と，また実際に取得できているかどうかも調べたい。

2. 独身寮や住宅設備

最近では，社宅は廃止し，住宅手当を多く出すという流れもある。寮や社宅についての福利厚生は調べておく。

3. オフィス環境

会社に根づいた慣習や社員に対する考え方が，意外にオフィスの設備やレイアウトに表れている場合がある。

たとえば，個人の専有スペースの広さや区切り方，パソコンなどOA機器の設置状況，上司と部下の机の配置など，会社によってずいぶん違うもの。玄関ロビーや受付の様子を観察するだけでも，会社ごとのカラーや特徴がどこかに見えてくる。

4. 勤務地

転勤はイヤ，どうしても特定の地域で生活していきたい。そんな声に応えて，最近は流通業などを中心に，勤務地限定の雇用制度を取り入れる企業も増えている。

column 初任給では分からない本当の給与

会社の給与水準には「初任給」「平均給与」「平均ボーナス」「モデル給与」など，判断材料となるいくつかのデータがある。これらのデータからその会社の給料の優劣を判断するのは非常に難しい。

たとえば中小企業の中には，初任給が飛び抜けて高い会社がときどきある。しかしその後の昇給率は大きくないのがほとんど。

一方，大手企業の初任給は業種間や企業間の差が小さく，ほとんど横並びと言っていい。そこで，「平均給与」や「平均ボーナス」などで将来の予測をするわけだが，これは一応の目安とはなるが，個人差があるので正確とは言えない。

04 就職ノートの作成

■決定版「就職ノート」はこう作る

1冊にすべて書き込みたいという人には,ルーズリーフ形式のノートがお勧め。会社研究,スケジュール,時事用語,OB／OG訪問,切り抜きなどの項目を作りインデックスをつける。

カレンダー,説明会,試験などのスケジュール表を貼り,とくに会社別の説明会,面談,書類提出,試験の日程がひと目で分かる表なども作っておく。そして見開き2ページで1社を載せ,左ページに企業研究,右ページには志望理由,自己PRなどを整理する。

就職ノートの主なチェック項目

❏企業研究…資本金,業務内容,従業員数など基礎的な会社概要から,過去の採用状況,業務報告などのデータ

❏採用試験メモ…日程,条件,提出書類,採用方法,試験の傾向など

❏店舗・営業所見学メモ…流通関係,銀行などの場合は,客として訪問し,商品(値段,使用価値,ユーザーへの配慮),店員(接客態度,商品知識,熱意,親切度),店舗(ショーケース,陳列の工夫,店内の清潔さ)などの面をチェック

❏OB／OG訪問メモ…OB／OGの名前,連絡先,訪問日時,面談場所,質疑応答のポイント,印象など

❏会社訪問メモ…連絡先,人事担当者名,会社までの交通機関,最寄り駅からの地図,訪問のときに得た情報や印象,訪問にいたるまでの経過も記入

　「OB／OG訪問」は，実際は採用予備選考開始。まず，OB／OG訪問を希望したら，大学のキャリアセンター，教授などの紹介で，志望企業に勤める先輩の手がかりをつかむ。もちろん直接電話なり手紙で，自分の意向を会社側に伝えてもいい。自分の在籍大学，学部をはっきり言って，「先輩を紹介していただけないでしょうか」と依頼しよう。

参考

OB／OG訪問時の質問リスト例

●採用について
　・成績と面接の比重　　　　　・評価のポイント
　・採用までのプロセス（日程）　・筆記試験の傾向と対策
　・面接は何回あるか　　　　　・コネの効力はどうか
　・面接で質問される事項　etc.

●仕事について
　・内容（入社10年,20年のOB/OG）　・新入社員の仕事
　・希望職種につけるのか　　　　　・やりがいはどうか
　・残業，休日出勤，出張など　　　・同業他社と比較してどうか　etc.

●社風について
　・社内のムード　　　　　　　・上司や同僚との関係
　・仕事のさせ方　etc.

●待遇について
　・給与について　　　　　　　・福利厚生の状態
　・昇進のスピード　　　　　　・離職率について　etc.

06 インターンシップ

　インターンシップとは，学生向けに企業が用意している「就業体験」プログラム。ここで学生はさまざまな企業の実態をより深く知ることができ，その後の就職活動において自己分析，業界研究，職種選びなどに活かすことができる。また企業側にとっても有能な学生を発掘できるというメリットがあるため，導入する企業は増えている。

　インターンシップ参加が採用につながっているケースもあるため，たくさん参加してみよう。

---

column　コネを利用するのも１つの手段？

コネを活用できるのは，以下のような場合である。

・企業と大学に何らかの「連絡」がある場合

　企業の新卒採用の場合，特定校・指定校が決められていることもある。企業側が過去の実績などに基づいて決めており，大学の力が大きくものをいう。

　とくに理工系では，指導教授や研究室と企業との連絡が密接な場合が多く，教授の推薦が有利であることは言うまでもない。同じ大学出身の先輩とのコネも，この部類に区分できる。

・志望企業と「関係」ある人と関係がある場合

　一般的に言えば，志望企業の取り引き先関係からの紹介というのが一番多い。ただし，年間億単位の実績が必要で，しかも部長・役員以上につながっていなければコネがあるとは言えない。

・志望企業と何らかの「親しい関係」がある場合

　志望企業に勤務したりアルバイトをしていたことがあるという場合。インターンシップもここに分類される。職場にも馴染みがあり人間関係もできているので，就職に際してきわめて有利。

・志望会社に関係する人と「縁故」がある場合

　縁故を「血縁関係」とした場合，日本企業ではこのコネはかなり有効なところもある。ただし，血縁者が同じ会社にいるというのは不都合なことも多いので，どの企業も慎重。

07 会社説明会のチェックポイント

1. 受付の様子

受付事務がテキパキとしていて，分かりやすいかどうか。社員の態度が親切で誠意が伝わってくるかどうか。

こういった受付の様子からでも，その会社の社員教育の程度や，新入社員採用に対する熱意とか期待を推し測ることができる。

2. 控え室の様子

控え室が2カ所以上あって，国立大学と私立大学の訪問者とが，別々に案内されているようなことはないか。また，面談の順番を意図的に変えているようなことはないか。これはよくある例で，すでに大半は内定しているということを意味する場合が多い。

3. 社内の雰囲気

社員の話し方，その内容を耳にはさむだけでも，社風が伝わってくる。

4. 面談の様子

何時間も待たせたあげくに，きわめて事務的に，しかも投げやりな質問しかしないような採用担当者である場合，この会社は人事が適正に行われていないということだから，一考したほうがよい。

参考 ▶ 説明会での質問項目

・質問内容が抽象的でなく，具体性のあるものかどうか。
・質問内容は，現在の社会・経済・政治などの情況を踏まえた，
　大学生らしい高度で専門性のあるものか。
・質問をするのはいいが，「それでは，あなたの意見はどうか」と
　逆に聞かれたとき，自分なりの見解が述べられるものであるか。

提出書類を用意する

提出する書類は6種類。①〜③が大学に申請する書類，④〜⑥が自分で書く書類だ。大学に申請する書類は一度に何枚も入手しておこう。

① 「卒業見込証明書」
② 「成績証明書」
③ 「健康診断書」
④ 「履歴書」
⑤ 「エントリーシート」
⑥ 「会社説明会アンケート」

■自分で書く書類は「自己PR」

第1次面接に進めるか否かは「自分で書く書類」の出来にかかっている。「履歴書」と「エントリーシート」は会社説明会に行く前に準備しておくもの。「会社説明会アンケート」は説明会の際に書き，その場で提出する書類だ。

01 履歴書とエントリーシートの違い

　Webエントリーを受け付けている企業に資料請求をすると，資料と一緒に「エントリーシート」が送られてくるので，応募サイトのフォームやメールでエントリーシートを送付する。Webエントリーを行っていない企業には，ハガキやメールで資料請求をする必要があるが，「エントリーシート」は履歴書とは異なり，企業が設定した設問に対して回答するもの。すなわちこれが「1次試験」であり，これにパスをした人だけが会社説明会に呼ばれる。

■字はていねいに

字を書くところから，その企業に対する"本気度"は測られている。

■誤字，脱字は厳禁

使用するのは，黒のインク。

■修正液使用は不可

■数字は算用数字

■自分の広告を作るつもりで書く

自分はこういう人間であり，何がしたいかということを簡潔に書く。メリットになることだけで良い。自分に損になるようなことを書く必要はない。

■「やる気」を示す具体的なエピソードを

「私はやる気があります」「私は根気があります」という抽象的な表現だけではNG。それを示すエピソードのようなものを書かなくては意味がない。

Point

自己紹介欄の項目はすべて「自己PR」。自分はこういう人間であることを印象づけ，それがさらに企業への「志望動機」につながっていくような書き方をする。

---

column 履歴書やエントリーシートは，共通でもいい？

「履歴書」や「エントリーシート」は企業によって書き分ける。業種はもちろん，同じ業界の企業であっても求めている人材が違うからだ。各書類は提出前にコピーを取り，さらに出した企業名を忘れずに書いておくことも大切だ。

写真	スナップ写真は不可。 スーツ着用で，胸から上の物を使用する。ポイントは「清潔感」。 氏名・大学名を裏書きしておく。
日付	郵送の場合は投函する日，持参する場合は持参日の日付を記入する。
生年月日	西暦は避ける。元号を省略せずに記入する。
氏名	戸籍上の漢字を使う。印鑑押印欄があれば忘れずに押す。
住所	フリガナ欄がカタカナであればカタカナで，平仮名であれば平仮名で記載する。
学歴	最初の行の中央部に「学□□歴」と2文字程度間隔を空けて，中学校卒業から大学（卒業・卒業見込み）まで記入する。 中途退学の場合は，理由を簡潔に記載する。留年は記入する必要はない。 職歴がなければ，最終学歴の一段下の行の右隅に，「以上」と記載する。
職歴	最終学歴の一段下の行の中央部に「職□□歴」と2文字程度間隔を空け記入する。 「株式会社」や「有限会社」など，所属部門を省略しないで記入する。 「同上」や「〃」で省略しない。 最終職歴の一段下の行の右隅に，「以上」と記載する。
資格・免許	4級以下は記載しない。学習中のものも記載して良い。 「普通自動車第一種運転免許」など，省略せずに記載する。
趣味・特技	具体的に（例：読書でもジャンルや好きな作家を）記入する。
志望理由	その企業の強みや良い所を見つけ出したうえで，「自分の得意な事」がどう活かせるかなどを考えぬいたものを記入する。
自己PR	応募企業の事業内容や職種にリンクするような，自分の経験やスキルなどを記入する。
本人希望欄	面接の連絡方法，希望職種・勤務地などを記入する。「特になし」や空白はNG。
家族構成	最初に世帯主を書き，次に配偶者，それから家族を祖父母，兄弟姉妹の順に。続柄は，本人から見た間柄。兄嫁は，義姉と書く。
健康状態	「良好」が一般的。

01 エントリーシートの目的

・応募者を，決められた採用予定者数に絞り込むこと

・面接時の資料にする

の2つ。

■知りたいのは職務遂行能力

　採用担当者が学生を見る場合は，「こいつは与えられた仕事をこなせるかどう
か」という目で見ている。企業に必要とされているのは仕事をする能力なのだ。

> 質問に忠実に，"自分がいかにその会社の求める人材に当てはまるか"を
> 丁寧に答えること。

02 効果的なエントリーシートの書き方

■情報を伝える書き方

　課題をよく理解していることを相手に伝えるような気持ちで書く。

■文章力

　大切なのは全体のバランスが取れているか。書く前に，何をどれくらいの字
数で収めるか計算しておく。

　「起承転結」でいえば，「起」は，文章を起こす導入部分。「承」は，起を受け
て，その提起した問題に対して承認を求める部分。「転」は，自説を展開する
部分。もっともオリジナリティが要求される。「結」は，最後の締めの結論部分。
文章の構成・まとめる力で，総合的な能力が高いことをアピールする。

▶エントリーシートでよく取り上げられる題材と，その出題意図

　エントリーシートで求められるものは，「自己PR」「志望動機」「将来どうなりたいか（目指すこと）」の3つに大別される。

1.「自己PR」

　自己分析にしたがって作成していく。重要なのは，「なぜそうしようと思ったか？」「○○をした結果，何が変わったのか？何を得たのか？」という“連続性”が分かるかどうかがポイント。

2.「志望動機」

　自己PRと一貫性を保ち，業界志望理由と企業志望理由を差別化して表現するように心がける。志望する業界の強みと弱み，志望企業の強みと弱みの把握は基本。

3.「将来の展望」

　どんな社員を目指すのか，仕事へはどう臨もうと思っているか，目標は何か，などが問われる。仕事内容を事前に把握しておくだけでなく，5年後の自分，10年後の自分など，具体的な将来像を描いておくことが大切。

表現力，理解力のチェックポイント

❏文法，語法が正しいかどうか

❏論旨が論理的で一貫しているかどうか

❏1センテンスが簡潔かどうか

❏表現が統一されているかどうか（「です，ます」調か「だ，である」調か）

01 個人面接

●自由面接法

　面接官と受験者のキャラクターやその場の雰囲気，質問と応答の進行具合などによって雑談形式で自由に進められる。

●標準面接法

　自由面接法とは逆に，質問内容や評価の基準などがあらかじめ決まっている。実際には自由面接法と併用で，おおまかな質問事項や判定基準，評価ポイントを決めておき，質疑応答の内容上の制限を緩和しておくスタイルが一般的。1次面接などでは標準面接法をとり，2次以降で自由面接法をとる企業も多い。

●非指示面接法

　受験者に自由に発言してもらい，面接官は話題を引き出したりするときなど，最小限の質問をするという方法。

●圧迫面接法

　わざと受験者の精神状態を緊張させ，受験者がどのような応答をするかを観察し，判定する。受験者は，冷静に対応することが肝心。

02 集団面接

　面接の方法は個人面接と大差ないが，面接官がひとつの質問をして，受験者が順にそれに答えるという方法と，面接官が司会役になって，座談会のような形式で進める方法とがある。

　座談会のようなスタイルでの面接は，なるべく受験者全員が関心をもっているような話題を取りあげ，意見を述べさせるという方法。この際，司会役以外の面接官は一言も発言せず，判定・評価に専念する。

　グループディスカッション（以下，GD）の時間は30〜60分程度，１グループの人数は5〜10人程度で，司会は面接官が行う場合や，時間を決めて学生が交替で行うことが多い。面接官は内容については特に指示することはなく，受験者がどのようにGDを進めるかを観察する。

　評価のポイントは，全体的には理解力，表現力，指導性，積極性，協調性など，個別的には性格，知識，適性などが観察される。

　GDの特色は，集団の中での個人ということで，受験者の能力がどの程度のものであるか，また，どのようなことに向いているかを判定できること。受験者は，グループの中における自分の位置を面接官に印象づけることが大切だ。

グループディスカッション方式の面接におけるチェックポイント

- ❏全体の中で適切な論点を提供できているかどうか。
- ❏問題解決に役立つ知識を持っているか，また提供できているかどうか。
- ❏もつれた議論を解きほぐし，的はずれの議論を元に引き戻す努力をしているかどうか。
- ❏グループ全体としての目標をいつも考えているかどうか。
- ❏感情的な対立や攻撃をしかけているようなことはないか。
- ❏他人の意見に耳を傾け，よい意見には賛意を表し，それを全体に推し広げようという寛大さがあるかどうか。
- ❏議論の流れを自然にリードするような主導性を持っているかどうか。
- ❏提出した意見が議論の進行に大きな影響を与えているかどうか。

04 面接時の注意点

●控え室

　控え室には，指定された時間の15分前には入室しよう。そこで担当の係から，面接に際しての注意点や手順の説明が行われるので，疑問点は積極的に聞くようにし，心おきなく面接にのぞめるようにしておこう。会社によっては，所定のカードに必要事項を書き込ませたり，お互いに自己紹介をさせたりする場合もある。また，この控え室での行動も細かくチェックして，合否の資料にしている会社もある。

●入室・面接開始

　係員がドアの開閉をしてくれる場合もあるが，それ以外は軽くノックして入室し，必ずドアを閉める。そして入口近くで軽く一礼し，面接官か補助員の「どうぞ」という指示で正面の席に進み，ここで再び一礼をする。そして，学校名と氏名を名のって静かに着席する。着席時は，軽く椅子にかけるようにする。

●面接終了と退室

　面接の終了が告げられたら，椅子から立ち上がって一礼し，椅子をもとに戻して，面接官または係員の指示を受けて退室する。

　その際も，ドアの前で面接官のほうを向いて頭を下げ，静かにドアを開閉する。控え室に戻ったら，係員の指示を受けて退社する。

05 面接試験の評定基準

●協調性

　企業という「集団」では，他人との協調性が特に重視される。

　感情や態度が円満で調和がとれていること，極端に好悪の情が激しくなく，物事の見方や考え方が穏健で中立であることなど，職場での人間関係を円滑に進めていくことのできる人物かどうかが評価される。

●話し方

　外観印象的には，言語の明瞭さや応答の態度そのものがチェックされる。小さな声で自信のない発言，乱暴野卑な発言は減点になる。

　考えをまとめたら，言葉を選んで話すくらいの余裕をもって，真剣に応答しようとする姿勢が重視される。軽率な応答をしたり，まして発言に矛盾を指摘されるような事態は極力避け，もしそのような状況になりそうなときは，自分の非を認めてはっきりと謝るような態度を示すべき。

●好感度

　実社会においては，外観による第一印象が，人間関係や取引に大きく影響を及ぼす。

　「フレッシュな爽やかさ」に加え，入社志望など，自分の意思や希望をより明確にすることで，強い信念に裏づけられた姿勢をアピールできるよう努力したい。

●判断力

何を質問されているのか，何を答えようとしているのか，常に冷静に判断していく必要がある。

●表現力

話に筋道が通り理路整然としているか，言いたいことが簡潔に言えるか，話し方に抑揚があり聞く者に感銘を与えるか，用語が適切でボキャブラリーが豊富かどうか。

●積極性

活動意欲があり，研究心旺盛であること，進んで物事に取り組み，創造的に解決しようとする意欲が感じられること，話し方にファイトや情熱が感じられること，など。

●計画性

見通しをもって順序よく合理的に仕事をする性格かどうか，またその能力の有無。企業の将来性のなかに，自分の将来をどうかみ合わせていこうとしているか，現在の自分を出発点として，何を考え，どんな仕事をしたいのか。

●安定性

情緒の安定は，社会生活に欠くことのできない要素。自分自身をよく知っているか，他の人に流されない信念をもっているか。

●誠実性

自分に対して忠実であろうとしているか，物事に対してどれだけ誠実な考え方をしているか。

●社会性

企業は集団活動なので，自分の考えに固執したり，不平不満が多い性格は向かない。柔軟で適応性があるかどうか。

Point

清潔感や明朗さ，若々しさといった外観面も重視される。

---

06 面接試験の質問内容

1. 志望動機

受験先の概要や事業内容はしっかりと頭の中に入れておく。また，その企業の企業活動の社会的意義と，自分自身の志望動機との関連を明確にしておく。「安定している」「知名度がある」「将来性がある」といった利己的な動機，「自

分の性格に合っている」というような，あいまいな動機では説得力がない。安定性や将来性は，具体的にどのような企業努力によって支えられているのかという考察も必要だし，それに対する受験者自身の評価や共感なども問われる。

①どうしてその業種なのか

②どうしてその企業なのか

③どうしてその職種なのか

以上の①〜③と，自分の性格や資質，専門などとの関連性を説明できるようにしておく。

自分がどうしてその会社を選んだのか，どこに大きな魅力を感じたのかを，できるだけ具体的に，情熱をもって語ることが重要。自分の長所と仕事の適性を結びつけてアピールし，仕事のやりがいや仕事に対する興味を述べるのもよい。

■複数の企業を受験していることは言ってもいい？

同じ職種，同じ業種で何社かかけもちしている場合，正直に答えてもかまわない。しかし，「第一志望はどこですか」というような質問に対して，正直に答えるべきかどうかというと，やはりこれは疑問がある。どんな会社でも，他社を第一志望にあげられれば，やはり愉快には思わない。

また，職種や業種の異なる会社をいくつか受験する場合も同様で，極端に性格の違う会社をあげれば，その矛盾を突かれるのは必至だ。

2. 仕事に対する意識・職業観

採用試験の段階では，次年度の配属予定が具体的に固まっていない会社もかなりある。具体的に職種や部署などを細分化して募集している場合は別だが，そうでない場合は，希望職種をあまり狭く限定しないほうが賢明。どの業界においても，採用後，新入社員には，研修としてその会社の各セクションをひと通り経験させる企業は珍しくない。そのうえで，具体的な配属計画を検討するのだ。

大切なことは，就職や職業というものを，自分自身の生き方の中にどう位置づけるか，また，自分の生活の中で仕事とはどういう役割を果たすのかを考えてみること。つまり自分の能力を活かしたい，社会に貢献したい，自分の存在価値を社会的に実現してみたい，ある分野で何か自分の力を試してみたい……，などの場合を考え，それを自分自身の人生観，志望職種や業種などとの関係を考えて組み立ててみる。自分の人生観をもとに，それを自分の言葉で表現できるようにすることが大切。

3. 自己紹介・自己PR

性格そのものを簡単に変えたり，欠点を克服したりすることは実際には難しいが，"仕方がない"という姿勢を見せることは禁物で，どんなささいなことでも，努力している面をアピールする。また一般的にいって，専門職を除けば，就職時になんらかの資格や技能を要求する企業は少ない。

ただ，資格をもっていれば採用に有利とは限らないが，専門性を要する業種では考慮の対象とされるものもある。たとえば英検，簿記など。

企業が学生に要求しているのは，4年間の勉学を重ねた学生が，どのように仕事に有用であるかということで，学生の知識や学問そのものを聞くのが目的ではない。あくまで，社会人予備軍としての謙虚さと素直さを失わないようにする。

知識や学力よりも，その人の人間性，ビジネスマンとしての可能性を重視するからこそ，面接担当者は，学生生活全般について尋ねることで，書類だけでは分からない人間性を探ろうとする。

何かうち込んだものや思い出に残る経験などは，その人の人間的な成長になんらかの作用を及ぼしているものだ。どんな経験であっても，そこから受けた印象や教訓などは，明確に答えられるようにしておきたい。

4. 一般常識・時事問題

一般常識・時事問題については筆記試験の分野に属するが，面接でこうしたテーマがもち出されることも珍しくない。受験者がどれだけ社会問題に関心をもっているか，一般常識をもっているか，また物事の見方・考え方に偏りがないかなどを判定する。知識や教養だけではなく，一問一答の応答を通じて，その人の性格や適応能力まで判断されることになる。

07 面接に向けての事前準備

■面接試験1カ月前までには万全の準備をととのえる

●志望会社・職種の研究

新聞の経済欄や経済雑誌などのほか，会社年鑑，株式情報など書物による研究をしたり，インターネットにあがっている企業情報や，検索によりさまざまな角度から調べる。すでにその会社へ就職している先輩や知人に会って知識を得たり，大学のキャリアセンターへ情報を求めるなどして総合的に判断する。

■専攻科目の知識・卒論のテーマなどの整理

大学時代にどれだけ勉強してきたか，専攻科目や卒論のテーマなどを整理しておく。

■**時事問題に対する準備**

毎日欠かさず新聞を読む。志望する企業の話題は，就職ノートに整理するなどもアリ。

面接当日の必需品

❑必要書類（履歴書，卒業見込証明書，成績証明書，健康診断書，推薦状）

❑学生証

❑就職ノート（志望企業ファイル）

❑印鑑，朱肉

❑筆記用具（万年筆，ボールペン，サインペン，シャープペンなど）

❑手帳，ノート

❑地図（訪問先までの交通機関などをチェックしておく）

❑現金（小銭も用意しておく）

❑腕時計（オーソドックスなデザインのもの）

❑ハンカチ，ティッシュペーパー

❑くし，鏡（女性は化粧品セット）

❑シューズクリーナー

❑ストッキング

❑折りたたみ傘（天気予報をチェックしておく）

❑携帯電話，充電器

理論編 STEP**6** 　筆記試験の種類

■一般常識試験

> 社会人として企業活動を行ううえで最低限必要となる一般常識のほか，
> 英語，国語，社会(時事問題)，数学などの知識の程度を確認するもの。

　難易度はおおむね中学・高校の教科書レベル。一般常識の問題集を1冊やっておけばよいが，業界によっては専門分野が出題されることもあるため，必ず志望する企業のこれまでの試験内容は調べておく。

■一般常識試験の対策

- ・英語　慣れておくためにも，教科書を復習する，英字新聞を読むなど。
- ・国語　漢字，四字熟語，反対語，同音異義語，ことわざをチェック。
- ・時事問題　新聞や雑誌,テレビ,ネットニュースなどアンテナを張っておく。

■適性検査

　SPI（Synthetic Personality Inventory）試験（SPI3試験）とも呼ばれ，能力テストと性格テストを合わせたもの。

　能力テストでは国語能力を測る「言語問題」と，数学能力を測る「非言語問題」がある。言語的能力，知覚能力，数的能力のほか，思考・推理能力，記憶力，注意力などの問題で構成されている。

　性格テストは「はい」か「いいえ」で答えていく。仕事上の適性と性格の傾向などが一致しているかどうかをみる。

> SPIは職務への適応性を客観的にみるためのもの。

01 「論文」と「作文」

　一般に「論文」はあるテーマについて自分の意見を述べ，その論証をする文章で，必ず意見の主張とその論証という2つの部分で構成される。問題提起と論旨の展開，そして結論を書く。

　「作文」は，一般的には感想文に近いテーマ，たとえば「私の興味」「将来の夢」といったものがある。

　就職試験では「論文」と「作文」を合わせた"論作文"とでもいうようなものが出題されることが多い。

　論作文試験とは，「文章による面接」。テーマに書き手がどういう態度を持っているかを知ることが，出題の主な目的だ。受験者の知識・教養・人生観・社会観・職業観，そして将来への希望などが，どのような思考を経て，どう表現されているかによって，企業にとって，必要な人物かどうかを判断している。

　論作文の場合には，書き手の社会的意識や考え方に加え，「感銘を与える」働きが要求される。就職活動とは，企業に対し「自分をアピールすること」だということを常に念頭に置いておきたい。

Point

論文と作文の違い

	論　文	作　文
テーマ	学術的・社会的・国際的なテーマ。時事，経済問題など	個人的・主観的なテーマ。人生観，職業観など
表現	自分の意見や主張を明確に述べる。	自分の感想を述べる。
展開	四段型（起承転結）の展開が多い。	三段型（はじめに・本文・結び）の展開が多い。
文体	「だ調・である調」のスタイルが多い。	「です調・ます調」のスタイルが多い。

02 採点のポイント

・テーマ

与えられた課題（テーマ）を，受験者はどのように理解しているか。

出題されたテーマの意義をよく考え，それに対する自分の意見や感情が，十分に整理されているかどうか。

・表現力

課題について本人が感じたり，考えたりしたことを，文章で的確に表しているか。

・字・用語・その他

かなづかいや送りがなが合っているか，文中で引用されている格言やことわざの類が使用法を間違えていないか，さらに誤字・脱字に至るまで，文章の基本的な力が受験者の人柄ともからんで厳密に判定される。

・オリジナリティ

魅力がある文章とは，オリジナリティを率直に出すこと。自分の感情や意見を，自分の言葉で表現する。

・生活態度

文章は，書き手の人格や人柄を映し出す。平素の社会的関心や他人との協調性，趣味や読書傾向はどうであるかといった，受験者の日常における生き方，生活態度がみられる。

・字の上手・下手

できるだけ読みやすい字を書く努力をする。また，制限字数より文章が長くなって原稿用紙の上下や左右の空欄に書き足したりすることは避ける。消しゴムで消す場合にも，丁寧に。

いずれの場合でも，表面的な文章力を問うているのではなく，受験者の人柄のほうを重視している。

実践編 マナーチェックリスト

就活において企業の人事担当は，面接試験やOG／OB訪問，そして面接試験において，あなたのマナーや言葉遣いといった，「常識力」をチェックしている。現在の自分はどのくらい「常識力」が身についているかをチェックリストで振りかえり，何ができて，何ができていないかを明確にしたうえで，今後の取り組みに生かしていこう。

評価基準　5：大変良い　4：やや良い　3：どちらともいえない　2：やや悪い　1：悪い

	項　目	評　価	メ　モ
挨拶	明るい笑顔と声で挨拶をしているか		
	相手を見て挨拶をしているか		
	相手より先に挨拶をしているか		
	お辞儀を伴った挨拶をしているか		
	直接の応対者でなくても挨拶をしているか		
表情	笑顔で応対しているか		
	表情に私的感情がでていないか		
	話しかけやすい表情をしているか		
	相手の話は真剣な顔で聞いているか		
身だしなみ	前髪は目にかかっていないか		
	髪型は乱れていないか／長い髪はまとめているか		
	髭の剃り残しはないか／化粧は健康的か		
	服は汚れていないか／清潔に手入れされているか		
	機能的で職業・立場に相応しい服装をしているか		
	華美なアクセサリーはつけていないか		
	爪は伸びていないか		
	靴下の色は適当か／ストッキングの色は自然な肌色か		
	靴の手入れは行き届いているか		
	ポケットに物を詰めすぎていないか		

項　目		評　価	メ　モ
言葉遣い	専門用語を使わず，相手にわかる言葉で話しているか		
	状況や相手に相応しい敬語を正しく使っているか		
	相手の聞き取りやすい音量・速度で話しているか		
	語尾まで丁寧に話しているか		
	気になる言葉癖はないか		
動作	物の授受は両手で丁寧に実施しているか		
	案内・指し示し動作は適切か		
	キビキビとした動作を心がけているか		
心構え	勤務時間・指定時間の５分前には準備が完了しているか		
	心身ともに健康管理をしているか		
	仕事とプライベートの切替えができているか		

☑ 常に自己点検をするクセをつけよう

「人を表情やしぐさ，身だしなみなどの見かけで判断してはいけない」と一般にいわれている。確かに，人の個性は見かけだけではなく，内面においても見いだされるもの。しかし，私たちは人を第一印象である程度決めてしまう傾向がある。それが面接試験など初対面の場合であればなおさらだ。したがって，チェックリストにあるような挨拶，表情，身だしなみ等に注意して面接試験に臨むことはとても重要だ。ただ，これらは面接試験前にちょっと対策したからといって身につくようなものではない。付け焼き刃的な対策をして面接試験に臨んでも，面接官はあっという間に見抜いてしまう。日頃からチェックリストにあるような項目を意識しながら行動することが大事であり，そうすることで，最初はぎこちない挨拶や表情等も，その人の個性に応じたすばらしい所作へ変わっていくことができるのだ。さっそく，本日から実行してみよう。

面接試験において，印象を決定づける表情はとても大事。
どのようにすれば感じのいい表情ができるのか，ポイントを確認していこう。

明るく，温和で
柔らかな表情をつくろう

人間関係の潤滑油

表情に関しては，まずは豊かである
ということがベースになってくる。う
れしい表情，困った表情，驚いた表
情など，さまざまな気持ちを表現で
きるということが，人間関係を潤いの
あるものにしていく。

Point

　表情はコミュニケーションの大前提。相手に「いつでも話しかけてくださ
いね」という無言の言葉を発しているのが，就活に求められる表情だ。面接
官が安心してコミュニケーションをとろうと思ってくれる表情。それが，明
るく，温和で柔らかな表情となる。

カンタンTraining

Training 01

喜怒哀楽を表してみよう

・人との出会いを楽しいと思うことが表情の基本
・表情を豊かにする大前提は相手の気持ちに寄り添うこと
・目元・口元だけでなく，眉の動きを意識することが大事

Training 02

表情筋のストレッチをしよう

・表情筋は「ウイスキー」の発音によって鍛える
・意識して毎日，取り組んでみよう
・笑顔の共有によって相手との距離が縮まっていく

コミュニケーションは挨拶から始まり，その挨拶ひとつで印象は変わるもの。ポイントを確認していこう。

丁寧にしっかりと
はっきり挨拶をしよう

人間関係の第一歩

挨拶は心を開いて，相手に近づくコミュニケーションの第一歩。たかが挨拶，されど挨拶の重要性をわきまえて，きちんとした挨拶をしよう。形，つまり "技" も大事だが，心をこめることが最も重要だ。

Point

　挨拶はコミュニケーションの第一歩。相手が挨拶するのを待っているのは望ましくない。挨拶の際のポイントは丁寧であることと，はっきり声に出すことの2つ。丁寧な挨拶は，相手を大事にして迎えている気持ちの表れとなる。はっきり声に出すことで，これもきちんと相手を迎えていることが伝わる。また，相手もその応答として挨拶してくれることで，会ってすぐに双方向のコミュニケーションが成立する。

カンタンTraining

Training 01

３つのお辞儀をマスターしよう

① 会釈（15度）　　② 敬礼（30度）　　③ 最敬礼（45度）

・息を吸うことを意識してお辞儀をするとキレイな姿勢に
・目線は真下ではなく，床前方1.5m先ぐらいを見よう
・相手への敬意を忘れずに

Training 02

対面時は言葉が先，お辞儀が後

・相手に体を向けて先に自ら挨拶をする
・挨拶時，相手とアイコンタクトを
　しっかり取ろう
・挨拶の後に，お辞儀をする。
　これを「語先後礼」という

コミュニケーションは「話す」よりも「聞く」ことといわれる。相手が話しやすい聞き方の，ポイントを確認しよう。

受容の立場で
傾聴しよう

相手の話を受けとめる

話を聞くときは，やや前に傾く姿勢をとる。表情と姿勢が合わさることにより，話し手の心が開き「あれも，これも話そう」という気持ちになっていく。また，「はい」と一度のお辞儀で頷くと相手の話を受け止めているというメッセージにつながる。

Point

　話をすること，話を聞いてもらうことは誰にとってもプレッシャーを伴うもの。そのため，「何でも話して良いんですよ」「何でも話を聞きますよ」「心配しなくて良いんですよ」という気持ちで聞くことが大切になる。その気持ちが聞く姿勢に表れれば，相手は安心して話してくれる。

いますぐデキる

カンタン Training

Training 01

頷きは一度で

・相手が話した後に「はい」と
　一言発する
・頷きすぎは逆効果

Training 02

目線は自然に

・鼻の付け根あたりを見ると
　自然な印象に
・目を見つめすぎるのはNG

Training 03

話の句読点で視線を移す

・視線は話している人を見ることが基本
・複数の人の話を聞くときは句読点を意識し,
　視線を振り分けることで聞く姿勢を表す

自分の意思を相手に明確に伝えるためには，話し方が重要となる。はっきりと的確に話すためのポイントを確認しよう。

明るい発声を
心がけよう

ボリュームを意識して

話すときのポイントとしては，ボリュームを意識することが挙げられる。会議室の一番奥にいる人に声が届くように意識することで，声のボリュームはコントロールされていく。

Point

コミュニケーションとは「伝達」すること。どのようなことも，適当に伝えるのではなく，伝えるべきことがきちんと相手に届くことが大切になる。そのためには，はっきりと，分かりやすく，丁寧に，心を込めて話すこと。言葉だけでなく，表情やジェスチャーを加えることも有効。

いますぐデキる
カンタンTraining

Training 01

腹式呼吸で発声練習

・「あえいうえおあお」と発声する
・腹式呼吸は，胸部をなるべく動かさずに，息を吸うときにお腹や腰が膨らむよう意識する呼吸法

Training 02

早口言葉にチャレンジ

おあやや
母親に
お謝り

・「おあやや，母親に，お謝り」と早口で
・口がすぼまった「お」と口が開いた「あ」の発音に，変化をつけられるかがポイント

Training 03

ジェスチャーを有効活用

・腰より上でジェスチャーをする
・体から離した位置に手をもっていく
・ジェスチャーをしたら戻すところをさだめておく

身だしなみはその人自身を表すもの。身だしなみの基本について、ポイントを
確認しよう。

清潔感,さわやかさを
醸し出せるようにしよう

**プロの企業人に
ふさわしい身だしなみを**

信頼感、安心感をもたれる身だしな
みを考えよう。TPOに合わせた服装は、
すなわち"礼"を表している。そして、
身だしなみには、「清潔感」、「品のよさ」、
「控え目である」という、3つのポイ
ントがある。

Point

相手との心理的な距離や物理的な距離が遠ければ、コミュニケーションは
成立しにくくなる。見た目が不潔では誰も近付いてこない。身だしなみが
清潔であること、爽やかであることは相手との距離を縮めることにも繋がる。

いますぐデキる
カンタンTraining

Training 01

髪型，服装を整えよう

3分の1は額が見えるように

- 男性も女性も眉が見える髪型が望ましい。3分の1は額が見えるように。額は知性と清潔感を伝える場所。男性の髪の長さは耳や襟にかからないように
- スーツで相手の前に立つときは，ボタンはすべて留める。男性の場合は下のボタンは外す

Training 02

おしゃれとの違いを明確に

- 爪はできるだけ切りそろえる
- 爪の中の汚れにも注意
- ジェルネイル，ネイルアートはNG

Training 03

足元にも気を配って

- 女性の場合はパンプス，男性の場合は黒の紐靴が望ましい
- 靴はこまめに汚れを落とし見栄えよく

姿勢にはその人の意欲が反映される。前向き，活動的な姿勢を表すにはどうしたらよいか，ポイントを確認しよう。

前向き,活動的な姿勢を維持しよう

一直線と左右対称

正しい立ち姿として，耳，肩，腰，くるぶしを結んだ線が一直線に並んでいることが最大のポイントになる。そのラインが直線に近づくほど立ち姿がキレイに整っていることになる。また，"左右対称"というのもキレイな姿勢の要素のひとつになる。

Point

　姿勢は，身体と心の状態を反映するもの。そのため，良い姿勢でいることは，印象が清々しいだけでなく，健康で元気そうに見え，話しかけやすさにも繋がる。歩く姿勢，立つ姿勢，座る姿勢など，どの場面にも心身の健康状態が表れるもの。日頃から心身の健康状態に気を配り，フィジカルとメンタル両面の自己管理を心がけよう。

カンタンTraining

Training 01

キレイな歩き方を心がけよう

- 女性は1本の線上を，男性はそれよりも太い線上を沿うように歩く
- 一歩踏み出したときに前の足に体重を乗せるように，腰から動く
- 12時の方向につま先をもっていく

Training 02

前向きな気持ちを持とう

- 常に前向きな気持ちが姿勢を正す
- ポジティブ思考を心がけよう

実践編 STEP 7　正しい言葉遣い

言葉遣いの正しさはとは，場面にあった言葉を遣うということ。相手を気づかいながら，言葉を選ぶことで，より正しい言葉に近づいていく。

相手と場面に合わせた
ふさわしい言葉遣いを

次の文は接客の場面でよくある間違えやすい敬語です。
それぞれの言い方は○×どちらでしょうか。

問1 「資料をご拝読いただきありがとうございます」

問2 「こちらのパンフレットはもういただかれましたか？」

問3 「恐れ入りますが，こちらの用紙にご記入してください」

問4 「申し訳ございませんが，来週，休ませていただきます」

問5 「先ほどの件，帰りましたら上司にご報告いたしますので」

Point

　ビジネスのシーンに敬語は欠くことができない。何度もやり取りをしていく中で，親しさの度合いによっては，あえてくだけた表現を用いることもあるが，「親しき仲にも礼儀あり」と言われるように，敬意や心づかいをおろそかにしてはいけないもの。相手に誤解されたり，相手の気分を壊すことのないように，相手や場面にふさわしい言葉遣いが大切になる。

解答と解説

問1 （×）　○正しい言い換え例

→「ご覧いただきありがとうございます」など

「拝読」は自分が「読む」意味の謙譲語なので，相手の行為に使うのは誤り。読むと見るは同義なため，多く，見るの尊敬語「ご覧になる」が用いられる。

問2 （×）　○正しい言い換え例

→「お持ちですか」「お渡ししましたでしょうか」　など

「いただく」は，食べる・飲む・もらうの謙譲語。「もらったかどうか」と聞きたいのだから，「おもらいになりましたか」と言えないこともないが，持っているかどうか，受け取ったかどうかという意味で「お持ちですか」などが使われることが多い。また，自分側が渡すような場合は，「お渡しする」を使って「お渡ししましたでしょうか」などの言い方に換えることもできる。

問3 （×）　○正しい言い換え例

→「恐れ入りますが，こちらの用紙にご記入ください」など

「ご記入する」の「お（ご）～する」は謙譲語の形。相手の行為を謙譲語で表すことになるため誤り。「して」を取り除いて「ご記入ください」か，和語に言い換えて「お書きください」とする。ほかにも「お書き／ご記入・いただけますでしょうか・願います」などの表現もある。

問4 （△）

有給休暇を取る場合や，弔事等で休むような場面で，用いられることも多い。「休ませていただく」ということで一見丁寧に響くが，「来週休むと自分で休みを決めている」という勝手な表現にも受け取られかねない言葉だ。ここは同じ「させていただく」を用いても，相手の都合をうかがう言い方に換えて「○○がございまして，申し訳ございませんが，休みをいただいてもよろしいでしょうか」などの言い換えが好ましい。

問5 （×）○正しい言い換え例

→「上司に報告いたします」

「ご報告いたします」は，ソトの人との会話で使うとするならば誤り。「ご報告いたします」の「お・ご～いたす」は，「お・ご～する」と「～いたす」という2つの敬語を含む言葉。そのうちの「お・ご～する」は，主語である自分を低めて相手＝上司を高める働きをもつ表現（謙譲語Ⅰ）。一方「～いたす」は，主語の私を低めて，話の聞き手に対して丁寧に述べる働きをもつ表現（謙譲語Ⅱ　丁重語）。「お・ご～する」も「～いたす」も同じ謙譲語であるため紛らわしいが，主語を低める（謙譲）という働きは同じでも，行為の相手を高める働きがあるかないかという点に違いがあるといえる。

正しい敬語

敬語は正しく使用することで，相手の印象を大きく変えることができる。尊敬語，謙譲語の区別をはっきりつけて，誤った用法で話すことのないように気をつけよう。

言葉の使い方が
マナーを表す!

■よく使われる尊敬語の形 「言う・話す・説明する」の例

専用の尊敬語型	おっしゃる
〜れる・〜られる型	言われる・話される・説明される
お（ご）〜になる型	お話しになる・ご説明になる
お（ご）〜なさる型	お話しなさる・ご説明なさる

■よく使われる謙譲語の形 「言う・話す・説明する」の例

専用の謙譲語型	申す・申し上げる
お（ご）〜する型	お話しする・ご説明する
お（ご）〜いたす型	お話しいたします・ご説明いたします

Point

　同じ尊敬語・謙譲語でも，よく使われる代表的な形がある。ここではその一例をあげてみた。敬語の使い方に迷ったときなどは，まずはこの形を思い出すことで，大抵の語はこの型にはめ込むことができる。同じ言葉を用いたほうがよりわかりやすいといえるので，同義に使われる「言う・話す・説明する」を例に考えてみよう。

　ほかにも「お話しくださる」や「お話しいただく」「お元気でいらっしゃる」などの形もあるが，まずは表の中の形を見直そう。

■よく使う動詞の尊敬語・謙譲語

なお，尊敬語の中の「言われる」などの「れる・られる」を付けた形は省力している。

基本	尊敬語（相手側）	謙譲語（自分側）
会う	お会いになる	お目にかかる・お会いする
言う	おっしゃる	申し上げる・申す
行く・来る	いらっしゃる おいでになる お見えになる お越しになる お出かけになる	伺う・参る お伺いする・参上する
いる	いらっしゃる・おいでになる	おる
思う	お思いになる	存じる
借りる	お借りになる	拝借する・お借りする
聞く	お聞きになる	拝聴する 拝聞する お伺いする・伺う お聞きする
知る	ご存じ（知っているという意で）	存じ上げる・存じる
する	なさる	いたす
食べる・飲む	召し上がる・お召し上がりになる お飲みになる	いただく・頂戴する
見る	ご覧になる	拝見する
読む	お読みになる	拝読する

「お伺いする」「お召し上がりになる」などは，「伺う」「召し上がる」自体が敬語なので
「二重敬語」ですが，慣習として定着しており間違いではないもの。

Point

　上記の「敬語表」は，よく使うと思われる動詞をそれぞれ尊敬語・謙譲語で表したもの。このように大体の言葉は型にあてはめることができる。言葉の中には「お（ご）」が付かないものもあるが，その場合でも「〜なさる」を使って，「スピーチなさる」や「運営なさる」などと言うことができる。また，表では，「言う」の尊敬語「言われる」の例は省いているが，れる・られる型の「言われる」よりも「おっしゃる」「お話しになる」「お話しなさる」などの言い方のほうが，より敬意も高く，言葉としても何となく響きが落ち着くといった印象を受けるものとなる。

就職活動のはじめかた　　145

会話は相手があってのこと。いかなる場合でも，相手に対する心くばりを忘れないことが，会話をスムーズに進めるためのコツになる。

心くばりを添えるひと言で
言葉の印象が変わる!

　相手に何かを頼んだり，また相手の依頼を断ったり，相手の抗議に対して反論したりする場面では，いきなり自分の意見や用件を切り出すのではなく，場面に合わせて心くばりを伝えるひと言を添えてから本題に移ると，響きがやわらかくなり，こちらの意向も伝えやすくなる。俗にこれは「クッション言葉」と呼ばれている。(右表参照)

Point

　ビジネスの場面で，相手と話したり手紙やメールを送る際には，何か依頼事があってという場合が多いもの。その場合に「ちょっとお願いなんですが…」では，ふだんの会話と変わりがないものになってしまう。そこを「突然のお願いで恐れ入りますが」「急にご無理を申しまして」「こちらの勝手で恐縮に存じますが」「折り入ってお願いしたいことがございまして」などの一言を添えることで，直接的なきつい感じが和らぐだけでなく，「申し訳ないのだけれど，もしもそうしていただくことができればありがたい」という，相手への配慮や願いの気持ちがより強まる。このような前置きの言葉もうまく用いて，言葉に心くばりを添えよう。

相手の意向を尋ねる場合	「よろしければ」「お差し支えなければ」 「ご都合がよろしければ」「もしお時間がありましたら」 「もしお嫌いでなければ」「ご興味がおありでしたら」
相手に面倒を かけてしまうような場合	「お手数をおかけしますが」 「ご面倒をおかけしますが」 「お手を煩わせまして恐縮ですが」 「お忙しい時に申し訳ございませんが」 「お時間を割いていただき申し訳ありませんが」 「貴重なお時間を頂戴し恐縮ですが」
自分の都合を 述べるような場合	「こちらの勝手で恐縮ですが」 「こちらの都合（ばかり）で申し訳ないのですが」 「私どもの都合ばかりを申しまして，まことに申し訳なく存じますが」 「ご無理を申し上げまして恐縮ですが」
急な話をもちかけた場合	「突然のお願いで恐れ入りますが」 「急にご無理を申しまして」 「もっと早くにご相談申し上げるべきところでございましたが」 「差し迫ってのことでまことに申し訳ございませんが」
何度もお願いする場合	「たびたびお手数をおかけしまして恐縮に存じますが」 「重ね重ね恐縮に存じますが」 「何度もお手を煩わせまして申し訳ございませんが」 「ご面倒をおかけしてばかりで，まことに申し訳ございませんが」
難しいお願いをする場合	「ご無理を承知でお願いしたいのですが」 「たいへん申し上げにくいのですが」 「折り入ってお願いしたいことがございまして」
あまり親しくない相手に お願いする場合	「ぶしつけなお願いで恐縮ですが」 「ぶしつけながら」 「まことに厚かましいお願いでございますが」
相手の提案・誘いを断る場合	「申し訳ございませんが」 「（まことに）残念ながら」 「せっかくのご依頼ではございますが」 「たいへん恐縮ですが」 「身に余るお言葉ですが」 「まことに失礼とは存じますが」 「たいへん心苦しいのですが」 「お引き受けしたいのはやまやまですが」
問い合わせの場合	「つかぬことをうかがいますが」 「突然のお尋ねで恐縮ですが」

ここでは文章の書き方における，一般的な敬称について言及している。はがき，手紙，メール等，通信手段はさまざま。それぞれの特性をふまえて有効活用しよう。

相手の気持ちになって 見やすく美しく書こう

■敬称のいろいろ

敬称	使う場面	例
様	職名・役職のない個人	（例）飯田知子様／ご担当者様／経理部長　佐藤一夫様
殿	職名・組織名・役職のある個人（公用文など）	（例）人事部長殿／教育委員会殿／田中四郎殿
先生	職名・役職のない個人	（例）松井裕子先生
御中	企業・団体・官公庁などの組織	（例）○○株式会社御中
各位	複数あてに同一文書を出すとき	（例）お客様各位／会員各位

Point

　封筒・はがきの表書き・裏書きは縦書きが基本だが，洋封筒で親しい人にあてる場合は，横書きでも問題ない。いずれにせよ，定まった位置に，丁寧な文字でバランス良く，正確に記すことが大切。特に相手の住所や名前を乱雑な文字で書くのは，配達の際の間違いを引き起こすだけでなく，受け取る側に不快な思いをさせる。相手の気持ちになって，見やすく美しく書くよう心がけよう。

■各通信手段の長所と短所

	長所	短所	用途
封書	・封を開けなければ本人以外の目に触れることがない。 ・丁寧な印象を受ける。	・多量の資料・画像送付には不向き。 ・相手に届くまで時間がかかる。	・儀礼的な文書（礼状・わび状など） ・目上の人あての文書 ・重要な書類 ・他人に内容を読まれたくない文書
はがき・カード	・封書よりも気軽にやり取りできる。 ・年賀状や季節の便り，旅先からの連絡など絵はがきとしても楽しむことができる。	・封に入っていないため，第三者の目に触れることがある。 ・中身が見えるので，改まった礼状やわび状，こみ入った内容には不向き。 ・相手に届くまで時間がかかる。	・通知状 　・案内状 ・送り状 　・旅先からの便り ・各種お祝い 　・お礼 ・季節の挨拶
ＦＡＸ	・手書きの図やイラストを文章といっしょに送れる。 ・すぐに届く。 ・控えが手元に残る。	・多量の資料の送付には不向き。 ・事務的な用途で使われることが多く，改まった内容の文書，初対面の人へは不向き。	・地図，イラストの入った文書 ・印刷物（本・雑誌など）
電話	・急ぎの連絡に便利。 ・相手の反応をすぐに確認できる。 ・直接声が聞けるので，安心感がある。	・連絡できる時間帯が制限される。 ・長々としたこみ入った内容は伝えづらい。	・緊急の用件 ・確実に用件を伝えたいとき
メール	・瞬時に届く。 ・控えが残る。 ・コストが安い。 ・大容量の資料や画像をデータで送ることができる。 ・一度に大勢の人に送ることができる。 ・相手の居場所や状況を気にせず送れる。	・事務的な印象を与えるので，改まった礼状やわび状には不向き。 ・パソコンや携帯電話を持っていない人には送れない。 ・ウィルスなどへの対応が必要。	・データで送りたいとき ・ビジネス上の連絡

Point

　はがきは手軽で便利だが，おわびやお願い，格式を重んじる手紙には不向きとなる。この種の手紙は内容もこみ入ったものとなり，加えて丁寧な文章で書かなければならないので，数行で済むことはまず考えられない。また，封筒に入っていないため，他人の目に触れるという難点もある。このように，はがきにも長所と短所があるため，使う場面や相手によって，他の通信手段と使い分けることが必要となる。

　はがき以外にも，封書・電話・ＦＡＸ・メールなど，現代ではさまざまな通信手段がある。上に示したように，それぞれ長所と短所があるので，特徴を知って用途によって上手に使い分けよう。

社会人のマナーとして，電話応対のスキルは必要不可欠。まずは失礼なく電話に出ることからはじめよう。積極性が重要だ。

相手の顔が見えない分
対応には細心の注意を

■電話をかける場合

①　○○先生に電話をする

×「私，□□社の××と言いますが，○○様はおられますでしょうか？」

○「**××と申しますが，○○様はいらっしゃいますか？**」

「おられますか」は「おる」を謙譲語として使うため，通常は相手がいるかどうかに関しては，「いらっしゃる」を使うのが一般的。

②　相手の状況を確かめる

×「こんにちは，××です，先日のですね…」

○「**××です，先日は有り難うございました，今お時間よろしいでしょうか？**」

相手が忙しくないかどうか，状況を聞いてから話を始めるのがマナー。また，やむを得ず夜間や早朝，休日などに電話をかける際は，「夜分（朝早く）に申し訳ございません」「お休みのところ恐れ入ります」などのお詫びの言葉もひと言添えて話す。

③　相手が不在，何時ごろ戻るかを聞く場合

×「戻りは何時ごろですか？」

○「**何時ごろお戻りになりますでしょうか？**」

「戻り」はそのままの言い方，相手にはきちんと尊敬語を使う。

④　また自分からかけることを伝える

×「そうですか，ではまたかけますので」

○「**それではまた後ほど（改めて）お電話させていただきます**」

戻る時間がわかる場合は，「またお戻りになりましたころにでも」「また午後にでも」などの表現もできる。

① 電話を取ったら

× 「はい，もしもし，○○（社名）ですが」

○ **「はい，○○（社名）でございます」**

② 相手の名前を聞いて

× 「どうも，どうも」

○ **「いつもお世話になっております」**

　あいさつ言葉として定着している決まり文句ではあるが，日頃のお付き合いがあってこそ。あいさつ言葉もきちんと述べよう。「お世話様」という言葉も時折耳にするが，敬意が軽い言い方となる。適切な言葉を使い分けよう。

③ 相手が名乗らない

× 「どなたですか？」「どちらさまですか？」

○ **「失礼ですが，お名前をうかがってもよろしいでしょうか？」**

　名乗るのが基本だが，尋ねる態度も失礼にならないように適切な応対を心がけよう。

④ 電話番号や住所を教えてほしいと言われた場合

× 「はい，いいでしょうか？」　　× 「メモのご用意は？」

○ **「はい，申し上げます，よろしいでしょうか？」**

　「メモのご用意は？」は，一見親切なようにも聞こえるが，尋ねる相手も用意していることがほとんど。押し付けがましくならない程度に。

⑤ 上司への取次を頼まれた場合

× 「はい，今代わります」　　× 「○○部長ですね，お待ちください」

○ **「部長の○○でございますね，ただいま代わりますので，少々お待ちくださいませ」**

　○○部長という表現は，相手側の言い方となる。自分側を述べる場合は，「部長の○○」「○○」が適切。

Point

自分から電話をかける場合は，まずは自分の会社名や氏名を名乗るのがマナー。たとえ目的の相手が直接出た場合でも，電話では相手の様子が見えないことがほとんど。自分の勝手な判断で話し始めるのではなく，相手の都合を伺い，そのうえで話を始めるのが社会人として必要な気配りとなる。

デキるオトナをアピール

時候の挨拶

月	漢語調の表現 候，みぎりなどを付けて用いられます	口語調の表現
1月 (睦月)	初春・新春　頌春・小寒・大寒・厳寒	皆様におかれましては，よき初春をお迎えのことと存じます／厳しい寒さが続いております／珍しく暖かな寒の入りとなりました／大寒という言葉通りの厳しい寒さでございます
2月 (如月)	春寒・余寒・残寒・立春・梅花・向春	立春とは名ばかりの寒さ厳しい毎日でございます／梅の花もちらほらとふくらみ始め，春の訪れを感じる今日この頃です／春の訪れが待ち遠しいこのごろでございます
3月 (弥生)	早春・浅春・春寒・春分・春暖	寒さもようやくゆるみ，日ましに春めいてまいりました／ひと雨ごとに春めいてまいりました／日増しに暖かさが加わってまいりました
4月 (卯月)	春暖・陽春・桜花・桜花爛漫	桜花爛漫の季節を迎えました／春光うららかな好季節となりました／花冷えとでも申しましょうか，何だか肌寒い日が続いております
5月 (皐月)	新緑・薫風・惜春・晩春・立夏・若葉	風薫るさわやかな季節を迎えました／木々の緑が目にまぶしいようでございます／目に青葉，山ほととぎす，初鰹の句も思い出される季節となりました
6月 (水無月)	梅雨・向暑・初夏・薄暑・麦秋	初夏の風もさわやかな毎日でございます／梅雨前線が近づいてまいりました／梅雨の晴れ間にのぞく青空は，まさに夏を思わせるようです
7月 (文月)	盛夏・大暑・炎暑・酷暑・猛暑	梅雨が明けたとたん，うだるような暑さが続いております／長い梅雨も明け，いよいよ本格的な夏がやってまいりました／風鈴の音がわずかに涼を運んでくれているようです
8月 (葉月)	残暑・晩夏・処暑・秋暑	立秋とはほんとうに名ばかりの厳しい暑さの毎日です／残暑たえがたい毎日でございます／朝夕はいくらかしのぎやすくなってまいりました
9月 (長月)	初秋・新秋・爽秋・新涼・清涼	九月に入りましてもなお，日差しの強い毎日です／暑さもやっとおとろえはじめたようでございます／残暑も去り，ずいぶんとしのぎやすくなってまいりました
10月 (神無月)	清秋・錦秋・秋涼・秋冷・寒露	秋風もさわやかな過ごしやすい季節となりました／街路樹の葉も日ごとに色を増しております／紅葉の便りの聞かれるころとなりました／秋深く，日増しに冷気も加わってまいりました
11月 (霜月)	晩秋・暮秋・霜降・初霜・向寒	立冬を迎え，まさに冬到来を感じる寒さです／木枯らしの季節になりました／日ごとに冷気が増すようでございます／朝夕はひときわ冷え込むようになりました
12月 (師走)	寒冷・初冬・師走・歳晩	師走を迎え，何かと慌ただしい日々をお過ごしのことと存じます／年の瀬も押しつまり，何かとお忙しくお過ごしのことと存じます／今年も残すところわずかとなりました，お忙しい毎日とお察しいたします

いますぐデキる
シチュエーション別会話例

シチュエーション1　取引先との会話

「非常に素晴らしいお話で感心しました」→NG！

「感心する」は相手の立派な行為や，優れた技量などに心を動かされるという意味。意味としては間違いではないが，目上の人に用いると，偉そうに聞こえかねない表現。「感動しました」などに言い換えるほうが好ましい。

シチュエーション2　子どもとの会話

「お母さんは，明日はいますか？」→NG！

たとえ子どもとの会話でも，子どもの年齢によっては，ある程度の敬語を使うほうが好ましい。「明日はいらっしゃいますか」では，むずかしすぎると感じるならば，「お出かけですか」などと表現することもできる。

シチュエーション3　同僚との会話

「今，お暇ですか」→NG？

同じ立場同士なので，暇に「お」が付いた形で「お暇」ぐらいでも構わないともいえるが，「暇」というのは，するべきことも何もない時間という意味。そのため「お暇ですか」では，あまりにも直接的になってしまう。その意味では「手が空いている」→「空いていらっしゃる」→「お手透き」などに言い換えることで，やわらかく敬意も含んだ表現になる。

シチュエーション4　上司との会話

「なるほどですね」→NG！

「なるほど」とは，相手の言葉を受けて，自分も同意見であることを表すため，相手の言葉・意見を自分が評価するというニュアンスも含まれている。そのため自分が評価して述べているという偉そうな表現にもなりかねない。同じ同意ならば，頷き「おっしゃる通りです」などの言葉のほうが誤解なく伝わる。

就活スケジュールシート

■年間スケジュールシート

1月	2月	3月	4月	5月	6月
企業関連スケジュール					
自己の行動計画					

就職活動をすすめるうえで，当然重要になってくるのは，自己のスケジュール管理だ。企業の選考スケジュールを把握することも大切だが，自分のペースで進めることになる自己分析や業界・企業研究，面接試験のトレーニング等の計画を立てることも忘れてはいけない。スケジュールシートに「記入」する作業を通して，短期・長期の両方の面から就職試験を考えるきっかけにしよう。

7月	8月	9月	10月	11月	12月
企業関連スケジュール					
自己の行動計画					

第4章

SPI対策

　ほとんどの企業では，基本的な資質や能力を見極める
ため適性検査を実施しており，現在最も使われている
のがリクルートが開発した「SPI」である。
　テストの内容は，「言語能力」「非言語能力」「性格」
の３つに分かれている。その人がどんな人物で，どん
な仕事で力を発揮しやすいのか，また，どんな組織に
なじみやすいかなどを把握するために行われる。
　この章では，SPIの「言語能力」及び「非言語能力」の
分野で，頻出内容を絞って，演習問題を構成している。
演習問題に複数回チャレンジし，解説をしっかりと熟
読して，学習効果を高めよう。

SPI 対策

●SPIとは

SPIは，Synthetic Personality Inventoryの略称で，株式会社リクルートが開発・販売を行っている就職採用向けのテストである。昭和49年から提供が始まり，平成14年と平成25年の2回改訂が行われ，現在はSPI3が最新になる。

SPIは，応募者の仕事に対する適性，職業の適性能力，興味や関心を見極めるのに適しており，現在の就職採用テストでは主流となっている。

SPIは，「知的能力検査」と「性格検査」の2領域にわけて測定され，知的能力検査は「言語能力検査（国語）」と「非言語能力検査（数学）」に分かれている。オプション検査として，「英語（ENG）検査」を実施することもある。性格適性検査では，性格を細かく分析するために，非常に多くの質問が出される。SPIの性格適性検査では，正式な回答はなく，全ての質問に正直に答えることが重要である。

本章では，その中から，「言語能力検査」と「非言語能力検査」に絞って収録している。

●SPIを利用する企業の目的

①：志望者から人数を絞る

一部上場企業にもなると，数万単位の希望者が応募してくる。基本的な資質能力や会社への適性能力を見極めるため，SPIを使って，人数の絞り込みを行う。

②：知的能力を見極める

SPIは，応募者1人1人の基本的な知的能力を比較することができ，それによって，受検者の相対的な知的能力を見極めることが可能になる。

③：性格をチェックする

その職種に対する適性があるが，300程度の簡単な質問によって発想力やパーソナリティを見ていく。性格検査なので，正解というものはなく，正直に回答していくことが重要である。

●SPIの受検形式

　SPIは，企業の会社説明会や会場で実施される「ペーパーテスト形式」と，パソコンを使った「テストセンター形式」とがある。

　近年，ペーパーテスト形式は減少しており，ほとんどの企業が，パソコンを使ったテストセンター形式を採用している。志望する企業がどのようなテストを採用しているか，早めに確認し，対策を立てておくこと。

●SPIの出題形式

　SPIは，言語分野，非言語分野，英語（ENG），性格適性検査に出題形式が分かれている。

科目	出題範囲・内容
言語分野	二語の関係，語句の意味，語句の用法，文の並び換え，空欄補充，熟語の成り立ち，文節の並び換え，長文読解　等
非言語分野	推論，場合の数，確率，集合，損益算，速度算，表の読み取り，資料の読み取り，長文読み取り　等
英語（ENG）	同意語，反意語，空欄補充，英英辞書，誤文訂正，和文英訳，長文読解　等
性格適性検査	質問：300問程度　時間：約35分

●受検対策

　本章では，出題が予想される問題を厳選して収録している。問題と解答だけではなく，詳細な解説も収録しているので，分からないところは複数回問題を解いてみよう。

言語分野

同音異義語

●あいせき
哀惜　死を悲しみ惜しむこと
愛惜　惜しみ大切にすること

●いぎ
意義　意味・内容・価値
異議　他人と違う意見
威儀　いかめしい挙動
異義　異なった意味

●いし
意志　何かをする積極的な気持ち
意思　しようとする思い・考え

●いどう
異同　異なり・違い・差
移動　場所を移ること
異動　地位・勤務の変更

●かいこ
懐古　昔を懐かしく思うこと
回顧　過去を振り返ること
解雇　仕事を辞めさせること

●かいてい
改訂　内容を改め直すこと
改定　改めて定めること

●かんしん
関心　気にかかること
感心　心に強く感じること
歓心　嬉しいと思う心

寒心　肝を冷やすこと

●きてい
規定　規則・定め
規程　官公庁などの規則

●けんとう
見当　だいたいの推測・判断・
　　　めあて
検討　調べ究めること

●こうてい
工程　作業の順序
行程　距離・みちのり

●じき
直　　すぐに
時期　時・折り・季節
時季　季節・時節
時機　適切な機会

●しゅし
趣旨　趣意・理由・目的
主旨　中心的な意味

●たいけい
体型　人の体格
体形　人や動物の形態
体系　ある原理に基づき個々のも
　　　のを統一したもの
大系　系統立ててまとめた叢書

●たいしょう

対象　行為や活動が向けられる相手

対称　対応する位置にあること

対照　他のものと照らし合わせること

●たんせい

端正　人の行状が正しくきちんとしているさま

端整　人の容姿が整っているさま

●はんざつ

繁雑　ごたごたと込み入ること

煩雑　煩わしく込み入ること

●ほしょう

保障　保護して守ること

保証　確かだと請け合うこと

補償　損害を補い償うこと

●むち

無知　知識・学問がないこと

無恥　恥を知らないこと

●ようけん

要件　必要なこと

用件　なすべき仕事

同訓漢字

●あう

合う…好みに合う。答えが合う。

会う…客人と会う。立ち会う。

遭う…事故に遭う。盗難に遭う。

●あげる

上げる…プレゼントを上げる。効果を上げる。

挙げる…手を挙げる。全力を挙げる。

揚げる…凧を揚げる。てんぷらを揚げる。

●あつい

暑い…夏は暑い。暑い部屋。

熱い…熱いお湯。熱い視線を送る。

厚い…厚い紙。面の皮が厚い。

篤い…志の篤い人。篤い信仰。

●うつす

写す…写真を写す。文章を写す。

映す…映画をスクリーンに映す。鏡に姿を映す。

●おかす

冒す…危険を冒す。病に冒された人。

犯す…犯罪を犯す。法律を犯す。

侵す…領空を侵す。プライバシーを侵す。

●おさめる

治める…領地を治める。水を治める。

収める…利益を収める。争いを収める。

修める…学問を修める。身を修める。

納める…税金を納める。品物を納める。

●かえる

変える…世界を変える。性格を変える。

代える…役割を代える。背に腹は代えられぬ。

替える…円をドルに替える。服を
　　　　替える。

●きく

聞く…うわさ話を聞く。明日の天
　　　　気を聞く。

聴く…音楽を聴く。講義を聴く。

●しめる

閉める…門を閉める。ドアを閉め
　　　　る。

締める…ネクタイを締める。気を
　　　　引き締める。

絞める…首を絞める。絞め技をか
　　　　ける。

●すすめる

進める…足を進める。話を進める。

勧める…縁談を勧める。加入を勧
　　　　める。

薦める…生徒会長に薦める。

●つく

付く…傷が付いた眼鏡。気が付く。

着く…待ち合わせ場所の公園に着
　　　　く。地に足が着く。

就く…仕事に就く。外野の守備に
　　　　就く。

●つとめる

務める…日本代表を務める。主役
　　　　を務める。

努める…問題解決に努める。療養
　　　　に努める。

勤める…大学に勤める。会社に勤
　　　　める。

●のぞむ

望む…自分の望んだ夢を追いかけ
　　　　る。

臨む…記者会見に臨む。決勝に臨
　　　　む。

●はかる

計る…時間を計る。将来を計る。

測る…飛行距離を測る。水深を測
　　　　る。

●みる

見る…月を見る。ライオンを見る。

診る…患者を診る。脈を診る。

演習問題

1　カタカナで記した部分の漢字として適切なものはどれか。

　1　手続きがハンザツだ　　　　　　【汎雑】

　2　誤りをカンカすることはできない　【観過】

　3　ゲキヤクなので取扱いに注意する　【激薬】

　4　クジュウに満ちた選択だった　　　【苦重】

　5　キセイの基準に従う　　　　　　　【既成】

2 下線部の漢字として適切なものはどれか。
家で飼っている熱帯魚を<u>かんしょう</u>する。
1 干渉
2 観賞
3 感傷
4 勧奨
5 鑑賞

3 下線部の漢字として適切なものはどれか。
彼に責任を<u>ついきゅう</u>する。
1 追窮
2 追究
3 追給
4 追求
5 追及

4 下線部の語句について，両方とも正しい表記をしているものはどれか。
1 私と母とは<u>相生</u>がいい。　・この歌を<u>愛唱</u>している。
2 それは<u>規成</u>の事実である。　・<u>既製</u>品を買ってくる。
3 同音<u>異義語</u>を見つける。　・会議で<u>意議</u>を申し立てる。
4 選挙の<u>大勢</u>が決まる。　・作曲家として<u>大成</u>する。
5 <u>無常</u>の喜びを味わう。　・<u>無情</u>にも雨が降る。

5 下線部の漢字として適切なものはどれか。
彼の体調は<u>かいほう</u>に向かっている。
1 介抱
2 快方
3 解放
4 回報
5 開放

1 5

解説　1　「煩雑」が正しい。「汎」は「汎用(はんよう)」などと使う。
2　「看過」が正しい。「観」は「観光」や「観察」などと使う。　3　「劇薬」
が正しい。「少量の使用であってもはげしい作用のするもの」という意味
であるが「激」を使わないことに注意する。　4　「苦渋」が正しい。苦し
み悩むという意味で，「苦悩」と同意であると考えてよい。　5　「既成概
念」などと使う場合もある。同音で「既製」という言葉があるが，これは
「既製服」や「既製品」という言葉で用いる。

2 2

解説　同音異義語や同訓異字の問題は，その漢字を知っているだけで
は対処できない。「植物や魚などの美しいものを見て楽しむ」場合は「観
賞」を用いる。なお，「芸術作品」に関する場合は「鑑賞」を用いる。

3 5

解説　「ついきゅう」は，特に「追究」「追求」「追及」が頻出である。「追
究」は「あることについて徹底的に明らかにしようとすること」，「追求」
は「あるものを手に入れようとすること」，「追及」は「後から厳しく調べ
ること」という意味である。ここでは，「責任」という言葉の後にあるので，
「厳しく」という意味が含まれている「追及」が適切である。

4 4

解説　1の「相生」は「相性」，2の「規成」は「既成」，3の「意議」は「異
議」，5の「無常」は「無上」が正しい。

5 2

解説　「快方」は「よい方向に向かっている」という意味である。なお，
1は病気の人の世話をすること，3は束縛を解いて自由にすること，4は
複数人で回し読む文書，5は出入り自由として開け放つ，の意味。

四字熟語

☐暧昧模糊　あいまいもこ―はっきりしないこと。

☐阿鼻叫喚　あびきょうかん―苦しみに耐えられないで泣き叫ぶこと。はなはだしい惨状を形容する語。

☐暗中模索　あんちゅうもさく―暗闇で手さぐりでものを探すこと。様子がつかめずどうすればよいかわからないままやってみること。

☐以心伝心　いしんでんしん―無言のうちに心から心に意思が通じ合うこと。

☐一言居士　いちげんこじ―何事についても自分の意見を言わなければ気のすまない人。

☐一期一会　いちごいちえ―一生のうち一度だけの機会。

☐一日千秋　いちじつせんしゅう―一日会わなければ千年も会わないように感じられることから，一日が非常に長く感じられること。

☐一念発起　いちねんほっき―決心して信仰の道に入ること。転じてある事を成就させるために決心すること。

☐一網打尽　いちもうだじん―一網打つだけで多くの魚を捕らえることから，一度に全部捕らえること。

☐一獲千金　いっかくせんきん―一時にたやすく莫大な利益を得ること。

☐一挙両得　いっきょりょうとく―一つの行動で二つの利益を得ること。

☐意馬心猿　いばしんえん―馬が走り，猿が騒ぐのを抑制できないことにたとえ，煩悩や欲望の抑えられないさま。

☐意味深長　いみしんちょう―意味が深く含蓄のあること。

☐因果応報　いんがおうほう―よい行いにはよい報いが，悪い行いには悪い報いがあり，因と果とは相応じるものであるということ。

☐慇懃無礼　いんぎんぶれい―うわべはあくまでも丁寧だが，実は尊大であること。

☐有為転変　ういてんぺん―世の中の物事の移りやすくはかない様子のこと。

☐右往左往　うおうさおう―多くの人が秩序もなく動き，あっちへ行ったりこっちへ来たり，混乱すること。

□右顧左眄 うこさべん―右を見たり，左を見たり，周囲の様子ばかりうかがっていて決断しないこと。

□有象無象 うぞうむぞう―世の中の無形有形の一切のもの。たくさん集まったつまらない人々。

□海千山千 うみせんやません―経験を積み，その世界の裏まで知り抜いている老獪な人。

□紆余曲折 うよきょくせつ―まがりくねっていること。事情が込み入って，状況がいろいろ変化すること。

□雲散霧消 うんさんむしょう―雲や霧が消えるように，あとかたもなく消えること。

□栄枯盛衰 えいこせいすい―草木が繁り，枯れていくように，盛んになったり衰えたりすること。世の中の浮き沈みのこと。

□栄耀栄華 えいようえいが―権力や富貴をきわめ，おごりたかぶること。

□会者定離 えしゃじょうり―会う者は必ず離れる運命をもつということ。人生の無常を説いたことば。

□岡目八目 おかめはちもく―局外に立ち，第三者の立場で物事を観察すると，その是非や損失がよくわかるということ。

□温故知新 おんこちしん―古い事柄を究め新しい知識や見解を得ること。

□臥薪嘗胆 がしんしょうたん―たきぎの中に寝，きもをなめる意で，目的を達成するのために苦心，苦労を重ねること。

□花鳥風月 かちょうふうげつ―自然界の美しい風景，風雅のこころ。

□我田引水 がでんいんすい―自分の利益となるように発言したり行動したりすること。

□画竜点睛 がりょうてんせい―竜を描いて最後にひとみを描き加えたところ，天に上ったという故事から，物事を完成させるために最後に付け加える大切な仕上げ。

□夏炉冬扇 かろとうせん―夏の火鉢，冬の扇のようにその場に必要のない事物。

□危急存亡 ききゅうそんぼう―危機が迫ってこのまま生き残れるか滅びるかの瀬戸際。

□疑心暗鬼 ぎしんあんき―心の疑いが妄想を引き起こして実際にはいない鬼の姿が見えるようになることから，疑心が起こると何で

もないことまで恐ろしくなること。

□玉石混交　ぎょくせきこんこう―すぐれたものとそうでないものが入り混じっていること。

□荒唐無稽　こうとうむけい―言葉や考えによりどころがなく，とりとめもないこと。

□五里霧中　ごりむちゅう―迷って考えの定まらないこと。

□針小棒大　しんしょうぼうだい―物事を大袈裟にいうこと。

□大同小異　だいどうしょうい―細部は異なっているが総体的には同じであること。

□馬耳東風　ばじとうふう―人の意見や批評を全く気にかけず聞き流すこと。

□波瀾万丈　はらんばんじょう―さまざまな事件が次々と起き，変化に富むこと。

□付和雷同　ふわらいどう――一定の見識がなくただ人の説にわけもなく賛同すること。

□粉骨砕身　ふんこつさいしん―力の限り努力すること。

□羊頭狗肉　ようとうくにく―外見は立派だが内容がともなわないこと。

□竜頭蛇尾　りゅうとうだび―初めは勢いがさかんだが最後はふるわないこと。

□臨機応変　りんきおうへん―時と場所に応じて適当な処置をとること。

演習問題

1　「海千山千」の意味として適切なものはどれか。
　1　様々な経験を積み，世間の表裏を知り尽くしてずる賢いこと
　2　今までに例がなく，これからもあり得ないような非常に珍しいこと
　3　人をだまし丸め込む手段や技巧のこと
　4　一人で千人の敵を相手にできるほど強いこと
　5　広くて果てしないこと

2 四字熟語として適切なものはどれか。
　1　竜頭堕尾
　2　沈思黙考
　3　孟母断危
　4　理路正然
　5　猪突猛伸

3 四字熟語の漢字の使い方がすべて正しいものはどれか。
　1　純真無垢　　青天白日　　疑心暗鬼
　2　短刀直入　　自我自賛　　危機一髪
　3　厚顔無知　　思考錯誤　　言語同断
　4　異句同音　　一鳥一石　　好機当来
　5　意味深長　　興味深々　　五里霧中

4 「一蓮托生」の意味として適切なものはどれか。
　1　一味の者を一度で全部つかまえること。
　2　物事が順調に進行すること。
　3　ほかの事に注意をそらさず，一つの事に心を集中させているさま。
　4　善くても悪くても行動・運命をともにすること。
　5　妥当なものはない。

5 故事成語の意味で適切なものはどれか。
　「塞翁(さいおう)が馬」
　1　たいして差がない
　2　幸不幸は予測できない
　3　肝心なものが欠けている
　4　実行してみれば意外と簡単
　5　努力がすべてむだに終わる

1 1

解説　2は「空前絶後」, 3は「手練手管」, 4は「一騎当千」, 5は「広大無辺」である。

2 2

解説　2の沈思黙考は, 「思いにしずむこと。深く考えこむこと。」の意味である。なお, 1は竜頭蛇尾(始めは勢いが盛んでも, 終わりにはふるわないこと), 3は孟母断機(孟子の母が織りかけの織布を断って, 学問を中途でやめれば, この断機と同じであると戒めた譬え), 4は理路整然(話や議論の筋道が整っていること), 5は猪突猛進(いのししのように向こう見ずに一直線に進むこと)が正しい。

3 1

解説　2は「単刀直入」「自画自賛」, 3は「厚顔無恥」「試行錯誤」「言語道断」, 4は「異口同音」「一朝一夕」「好機到来」, 5は「興味津々」が正しい。四字熟語の意味を理解する際, どのような字で書かれているかを意識するとよい。

4 4

解説　「一蓮托生」は, よい行いをした者は天国に行き, 同じ蓮の花の上に生まれ変わるという仏教の教えから, 「(ことの善悪にかかわらず)仲間として行動や運命をともにすること」をいう。

5 2

解説　「塞翁が馬」は「人間万事塞翁が馬」と表す場合もある。1は「五十歩百歩」, 3は「画竜点睛に欠く」, 4は「案ずるより産むが易し」, 5は「水泡に帰する」の故事成語の意味である。

文法

Ⅰ 品詞の種類

Ⅱ 動詞の活用形

活用	基本	語幹	未然	連用	終止	連体	仮定	命令
五段	読む	読	ま　も	み	む	む	め	め
上一段	見る	見	み	み	みる	みる	みれ	みよ
下一段	捨てる	捨	て	て	てる	てる	てれ	てよ てろ
カ変	来る	来	こ	き	くる	くる	くれ	こい
サ変	する	す	さ　し せ	し	する	する	すれ	せよ しろ
	主な接続語		ナイ ウ・ ヨウ	マス テ・タ	言い 切る	コト トキ	バ	命令

Ⅲ 形容詞の活用形

基本	語幹	未然	連用	終止	連体	仮定	命令
美しい	うつく し	かろ	かっ く	い	い	けれ	○
主な用法		ウ	ナル タ	言い 切る	体言	バ	

Ⅳ 形容動詞の活用形

基本	語幹	未然	連用	終止	連体	仮定	命令
静かだ	静か	だろ	だっ　で に	だ	な	なら	○
主な用法		ウ	タ　アル　ナル	言い 切る	体言	バ	

V　文の成分

主語・述語の関係………花が ― 咲いた。

修飾・被修飾の関係……きれいな ― 花。

接続の関係………………花が咳いた<u>ので</u>，花見をした。

並立の関係………………<u>赤い花と白い花</u>。

補助の関係………………花が咲い<u>ている</u>。（二文節で述語となっている）

〈副詞〉自立語で活用せず，単独で文節を作り，多く連用修飾語を作る。

　状態を表すもの…………ついに・さっそく・しばらく・ぴったり・すっ
　　　　　　　　　　　　　　かり

　程度を表すもの…………もっと・すこし・ずいぶん・ちょっと・ずっと

　陳述の副詞………………決して〜ない・なぜ〜か・たぶん〜だろう・も
　　　　　　　　　　　　　　し〜ば

〈助動詞〉付属語で活用し，主として用言や他の助動詞について意味を添
える。

① 使役……せる・させる（学校に行か<u>せる</u>　服を着<u>させる</u>）

② 受身……れる・られる（先生に怒ら<u>れる</u>　人に見<u>られる</u>）

③ 可能……れる・られる（歩いて行か<u>れる</u>距離　まだ着<u>られる</u>服）

④ 自発……れる・られる（ふと思い出さ<u>れる</u>　容態が案じ<u>られる</u>）

⑤ 尊敬……れる・られる（先生が話<u>される</u>　先生が来<u>られる</u>）

⑥ 過去・完了……た（話を聞い<u>た</u>　公園で遊ん<u>だ</u>）

⑦ 打消……ない・ぬ（僕は知ら<u>ない</u>　知ら<u>ぬ</u>存ぜ<u>ぬ</u>）

⑧ 推量……だろう・そうだ（晴れる<u>だろう</u>　晴れ<u>そうだ</u>）

⑨ 意志……う・よう（旅行に行こ<u>う</u>　彼女に告白し<u>よう</u>）

⑩ 様態……そうだ（雨が降り<u>そうだ</u>）

⑪ 希望……たい・たがる（いっぱい遊び<u>たい</u>　おもちゃを欲し<u>がる</u>）

⑫ 断定……だ（悪いのは相手の方<u>だ</u>）

⑬ 伝聞……そうだ（試験に合格した<u>そうだ</u>）

⑭ 推定……らしい（明日は雨<u>らしい</u>）

⑮ 丁寧……です・ます（それはわたし<u>です</u>　ここにあり<u>ます</u>）

⑯ 打消推量・打消意志……まい（そんなことはある<u>まい</u>　けっして言
　　　　　　　　　　　　　　う<u>まい</u>）

〈助詞〉付属語で活用せず，ある語について，その語と他の語との関係を補助したり，意味を添えたりする。

① 格助詞……主として体言に付き，その語と他の語の関係を示す。
→が・の・を・に・へ・と・から・より・で・や

② 副助詞……いろいろな語に付いて，意味を添える。
→は・も・か・こそ・さえ・でも・しか・まで・ばかり・だけ・など

③ 接続助詞……用言・活用語に付いて，上と下の文節を続ける。
→ば・けれども・が・のに・ので・ても・から・たり・ながら

④ 終助詞……文末（もしくは文節の切れ目）に付いて意味を添える。
→なあ（感動）・よ（念押し）・な（禁止）・か（疑問）・ね（念押し）

演習問題

1 次のア～オのうち，下線部の表現が適切でないものはどれか。
1 彼はいつもまわりに愛嬌をふりまいて，場を和やかにしてくれる。
2 的を射た説明によって，よく理解することができた。
3 舌先三寸で人をまるめこむのではなく，誠実に説明する。
4 この重要な役目は，彼女に白羽の矢が当てられた。
5 二の舞を演じないように，失敗から学ばなくてはならない。

2 次の文について，言葉の用法として適切なものはどれか。
1 矢折れ刀尽きるまで戦う。
2 ヘルプデスクに電話したが「分かりません」と繰り返すだけで取り付く暇もなかった。
3 彼の言動は肝に据えかねる。
4 彼は証拠にもなく何度も賭け事に手を出した。
5 適切なものはない。

3 下線部の言葉の用法として適切なものはどれか。
1 彼はのべつ暇なく働いている。
2 あの人の言動は常軌を失っている。
3 彼女は熱に泳がされている。
4 彼らの主張に対して間髪をいれずに反論した。
5 彼女の自分勝手な振る舞いに顔をひそめた。

次の文で，下線部が適切でないものはどれか。
 1　ぼくの目標は，兄より早く走れるようになる<u>なること</u>です。
 2　先生の<u>おっしゃること</u>をよく聞くのですよ。
 3　昨日は家で本を読んだり，テレビを<u>見</u>ていました。
 4　風にざわめく木々は，まるで私たちにあいさつをして<u>いるようだった</u>。
 5　先生の業績については，よく<u>存じております</u>。

５ 下線部の言葉の用法が適切でないものはどれか。
 1　<u>急いては事を仕損じる</u>ので，マイペースを心がける。
 2　彼女は<u>目端が利く</u>。
 3　<u>世知辛い</u>世の中になったものだ。
 4　安全を<u>念頭に置いて</u>作業を進める。
 5　次の試験に<u>標準を合わせて</u>勉強に取り組む。

○○○解答・解説○○○

１ 4

解説　1の「愛嬌をふりまく」は，おせじなどをいい，明るく振る舞うこと，2の「的を射る」は的確に要点をとらえること，3の「舌先三寸」は口先だけの巧みに人をあしらう弁舌のこと，4はたくさんの中から選びだされるという意味だが，「白羽の矢が当てられた」ではなく，「白羽の矢が立った」が正しい。5の「二の舞を演じる」は他人がした失敗を自分もしてしまうという意味である。

２ 5

解説　1「刀折れ矢尽きる」が正しく，「なす術がなくなる」という意味である。　2　話を進めるきっかけが見つからない。すがることができない，という意味になるのは「取り付く島がない」が正しい。　3　「言動」という言葉から，「我慢できなくなる」という意味の言葉を使う必要がある。「腹に据えかねる」が正しい。　4　「何度も賭け事に手を出した」という部分から「こりずに」という意味の「性懲りもなく」が正しい。

3 4

解説　1「のべつ幕なしに」、2は「常軌を逸している」、3は「熱に浮かされている」、5は「眉をひそめた」が正しい。

4 3

解説　3は前に「読んだり」とあるので、後半も「見たり」にしなければならないが、「見ていました」になっているので表現として適当とはいえない。

5 5

解説　5は、「狙う、見据える」という意味の「照準」を使い、「照準を合わせて」と表記するのが正しい。

文章の並び替え

演習問題

[1] 次の文章を意味が通るように並べ替えたとき，順番として最も適切なものはどれか。

A　読書にしたしむ工夫の一つは，自分に興味のあるもの，いや，読み出したらご飯を食べるのも忘れるほど興味のある本をまず読むことです。そんな本を見つけ出せというと，大変むつかしい注文のように聞こえるけれども，決してそうではない。健康な中学生，高校生なら世界の名作といわれるものの必ずしも全部ではないが，その半分，あるいはその三分の一くらいの文学作品には，必ず強い興味をひかれるはずだと思うのです。

B　面白い長篇小説を読み上げると，きっと人に話したくなるものですが，友だちにすすめてこれを読ませ，仲間で討論会—それほどむつかしく考えなくてもいいけれども，ここは面白かった，あそこの意味はよくわからなかった，というような話合いをすること，これが第二の手だてです。手だてというとかた苦しいが，読後の感想を，気心の知れた友達と語り合うということは，なかなか楽しいことなのです。話合うクセがつくと，読んだことも頭と心に深くしみ込むし，また次の本を読みたい気持もそそられてくるに違いありません。

C　自分の好きな本を見つけて，読み上げる。そういうことを何回も重ねてゆくということが第一の手だてです。そうするうちに本を読むスピードも自然に早くなるし，また自分は大きな本でも読みあげる力があるという自信がつきます。すべての人間のすることは，ぼくにはこれがやれる，という自信をもってやらなければ，うまく成功しないものですが，読書もまた同じことで，自分の読書力についての自信を強めることが第一です。そのためには若い諸君は，文学ならおもしろい長篇小説,たとえばスタンダールの『赤と黒』だとか,トルストイの『復活』だとか，あの程度の長さの名作を読むことをおすすめします。

(『私の読書遍歴』桑原武夫著)

1　A－B－C
2　A－C－B
3　B－C－A

```
  4  C － B － A
  5  C － A － B
```

2 次の文章中の（　　　）内に，あとのア～キの７つの文を並べ替えて入れると意味の通った文章になる。並べ方の最も適切なものはどれか。

　以上は，わたしが読む人間から書く人間へ変化していった過程である。わたしの精神が読む働きから書く働きへ移っていったコースである。もちろん，（　　　　　　　）特別の天才は別として，わたしたちは，多量の精神的エネルギーを放出しなければ，また，精神の戦闘的な姿勢がなければ，小さな文章でも書くことはできないのである。

　ア　それに必要な精神的エネルギーの量から見ると，書く，読む，聞く……という順でしだいに減っていくようである。

　イ　すなわち，読むという働きがまだ受動的であるのに反して，書くという働きは完全に能動的である。

　ウ　しかし，書くという働きに必要なエネルギーは読むという働きに必要なエネルギーをはるかに凌駕する。

　エ　そこには，精神の姿勢の相違がある。

　オ　読むという働きは，聞くという働きなどに比べれば多量のエネルギーを必要とする。

　カ　同様に精神の働きではあるが，一方はかなりパッシブであり，他方は極めてアクチブである。

　キ　更に考えてみると，読む働きと書く働きとの間には，必要とするエネルギーの大小というだけでなく，もっと質的な相違があると言わねばならない。

```
  1  ア－ウ－オ－キ－エ－イ－カ
  2  オ－ウ－ア－キ－エ－イ－カ
  3  オ－イ－カ－ウ－ア－キ－エ
  4  エ－オ－ウ－イ－カ－キ－ア
  5  オ－ア－イ－カ－ウ－キ－エ
```

3 次の文章の並べ替え方として最も適切なものはどれか。

　Ａ　マジックの番組かと思ったらそうではなかった。政治討論の番組であり，声を荒らげていたのは，年金の記録が不明確になってしまったものの表現について話している途中の部分だった。

　Ｂ　政府側からみれば，「消えた」のではなく，誰に払うべきか分からな

くなってしまったものであるから，「宙に浮いた」と表現したいといったところか。

C　要するにどの立場に立つかによって表現の仕方は変わるのである。逆に言えば，どの表現を用いているかをみれば，その人が，どの立場で，誰の味方となって発言しているかが分かるのである。

D　もらえなかった人にとっては，「消えた」という表現がぴったりであろう。自分が信じて払い，受給する権利がなくなってしまうのであるから，それ以上の表現はない。

E　テレビをつけたままで仕事をしていたら，「消えたのではなく宙に浮いたのだ」と誰かが声を荒らげていた。

1　E－C－A－D－B
2　E－B－D－A－C
3　E－A－D－C－B
4　E－A－D－B－C
5　E－B－D－C－A

○○○解答・解説○○○

1 2

解説　Cに「第一の手だて」，Bに「第二の手だて」とあるので，C，Bという順番はわかるだろう。Aをどこに置くかで悩むかもしれないが，Cに「自分の好きな本を見つけて」とあり，これがAの「興味のある本を見つけ出すことは決して難しいことではない」という内容につながっていると考えられる。よって，Cの前にAが来ると考えられる。

2 2

解説　出典は清水幾太郎の『論文の書き方』ある。文章を整序する問題は，指示語や接続語に注意しながら，文意が通るように並べ替えていくことが大切である。この問題の場合,選択肢をヒントととらえると「もちろん」の直後には「ア・エ・オ」のいずれかが入ることがわかる。アは「それに必要な精神的エネルギーの量から見ると……」という文になっているので，文頭の「それに」は接続詞ではなく「それ（代名詞）＋に（助詞）」の指示語ととらえられる。そうすると，「もちろん」の直後に入れた場合文意が通らなくなるので，アで始まっている1は誤りとして消去できる。同様にエ

も「そこ」に注目すると文意が通らないことがわかるので,4も消去できる。オは文意が通るので2・3・5について検討していけばよいことになる。したがってオの後ろには「ア・イ・ウ」のいずれかが入ることがわかる。それぞれをあてはめていくと, 逆接の接続詞「しかし」で始まっているウが最も文意が通ることに気づく。そうなると2しか残らない。2の順番どおりに読み進めていき, 流れがおかしくないかどうか検討し, おかしくなければ正答とみなすことができる。よって, 正答は2。

③ 4

解説　作問者による書き下ろし。「発端」「発端についての説明」「まとめ」といった構成になっている。「発端」はEであり,「まとめ」の部分についてはCが該当する。「発端についての説明」については, Aにおいてテレビから聞こえた内容を明らかにし,「消えた」とする立場 (D),「宙に浮いた」とする立場 (B) からそれぞれ説明している。

演習問題

1 次の文章の内容と一致するものはどれか。

　そもそも神学というものは一般に何かある特定の宗教の信仰内容を論理的な教義に組織したものであります。どういう宗教でも伝道ということを意図する以上は，人を説得するために必ずそういう神学をもたざるをえない。世界的宗教というような，そういう一般人類に通ずる宗教ということを標榜する宗教においては，必ずその宗教を他に伝える伝道ということがその任務に属している。ところで伝道とは，言葉で人に語って，人を説得することをいうわけだから，そこにおのずから論理的に思考し論証するということがなければならなくなる。論理的ということは，そういう場合には論証的，推論的ということになる。ただわれわれが物を考えるというだけならば必ずしも論理的とはいわれない。（略）論理的ということは推論的ということである。ヘーゲルが論理的というのはそういう推論的という意味です。

1　ヘーゲルのいう推論は，論理性を離れたものを前提としている。
2　世界宗教の開祖は，自らの教義の確立の時点において，神学の構築を意識していた。
3　私たちの思考は，必然的に論理的なものになりうる。
4　論理的であることと，推論的であることは，互いに深い繋がりがある。
5　宗教的な信仰は，純粋な感情を出発点にするので，論理による説得にはなじまない。

2 次の文の空欄に入る語句として，最も適切なものはどれか。

　自分がその真只中を生きている老いがある一方には，まだ若い年齢で遠くから眺めている老いというものもあります。老化の進行する具体的体験を持たぬ分だけ，それはいわば観念としての老いであり，観察対象としての老いであるかもしれない。しかし見方によっては，そこに老人自身が描くのとは異なった老いの客観像が浮かび出ているとも言えるでしょう。

　文学作品の場合，もし若くして老年や老人を描くとしたら，その中に特別の意味が隠されているように思われます。自らが渦中にある老いを捉えた優れた小説に切実なリアリティーが宿るのは確かですが，（　　　）には，

また別の，いわば思念としての切実さやリアリティーが孕まれているので
はないでしょうか。人の生涯を遠望した上で，その終りに近い老年に託さ
れたものの姿が垣間見えると考えられるからです。

1　当事者の立場から感じられる老い
2　傍観者として眺められた老い
3　距離を置いて眺められた老い
4　実体験に基づいた老い
5　想像力のみによってとらえられた老い

[3]　次の文章の要旨として正しいものはどれか。

　私たちは，日常の生活の中で話したり聞いたり，書いたり読んだりして
いる。すなわち，言語行動は日常生活の中におり込まれている。ちょっと
考えてみても，朝起きると新聞を「読む」，出かける前に天気予報を「聞く」，
店先で買い物をしたり，役所の窓口で手つづきをしたりするときは「言う」
あるいは「話す」，遠くの人に用事があれば手紙を「書く」。——こうした
言語行動は，そのことだけ切りはなされていとなまれるのではなく，いろ
いろな目的を持ち，さまざまの結果につながっている。新聞を読むことに
よって知識を得たり教養をつんだり，そこから自分の生活の方針を考えた
りすることができる。天気予報を聞くのは，傘を用意するかしないか，遠
方へ出かけるかどうか，これからの行動を決行することに関係する。店先
で買物をするとき店員と話したり，銀行の窓口でものを言ったりすること
は，何よりも切実な〈経済生活〉を遂行するためには不可欠のことである。
　こんな例からもわかるように，言語行動は日常生活の中に位置して，そ
の重要な部分をなしている。家庭であろうと，店先であろうと，学校であ
ろうと，オフィスであろうと，はたまた，駅であろうと，路上であろうと，
人と人との寄り合うところには，必ず言語行動が行われる。

1　言語には「話す」「聞く」「書く」「読む」の4つの側面がある。
2　話し言葉，書き言葉にはそれぞれの役割がある。
3　言語を駆使できないと，社会生活に支障をきたす。
4　人間が社会生活を営めるのは言語を持っているからだ。
5　社会生活にとって，言語は不可欠である。

4 次の文章中で筆者が友人たちに対して感じた「よそよそしさ」の原因と考えられるものはどれか。

　一九五八年，おそらく戦後はじめての大がかりな規模の日本古美術欧州巡回展が開催されたことがある。当時パリに留学中であった私は，思いがけなく，日本でもそう容易に見ることのできない数多くの故国の秘宝と直接異国で接する機会を得たわけだが，その時，フランス人の友人たちと何回か会場を廻りながら，私は大変興味深い体験を味わった。

　それは，同じ作品を前にしながら，フランスの友人たちの反応の仕方と私自身のそれとのあいだに微妙な喰い違いのあるのに気づかされたことである。といってそれは，彼らが必ずしも日本美術に無理解だというのではない。私の通っていたパリの美術研究所の優秀な仲間で，東洋美術についてかなり深い知識を持っている人でも事情は同じなのである。一般的に言って，彼らの作品評価はおおむね正当である。おおむね正当でありながら，ほんのわずかのところでわれわれ日本人と喰い違っている。そのほんのわずかの喰い違いというのが私には意味深いことのように思われたのである。

　そのことはおそらく，その古美術展の会場で，私がフランス人の友人たちに対し，例えば，ルーヴル美術館をいっしょに見る時などには決して感じたことのないような一種のよそよそしさを感じたことと無縁ではないに違いない。平素は何の気がねもなくつきあっている気心の知れた友人たちが雪舟や等伯の作品を前にしていると，ほとんどそれと気づかないくらいわずかながら，私から距離が遠くなったように感じられたのである。それはあるいは，私ひとりの思い過ごしであったのかもしれない。われわれのあいだで会話は平素と少しも変った調子を響かせなかったし，友人たちの方でも何ら変った態度を見せたわけではない。いやおそらくそういう私自身にしても，外から見たかぎりではまったくふだんと同じであったろう。しかもそれでいて私が彼らに対して漠然とながら一種のよそよそしさを覚えたとしたら，それはいったい何を物語っていたのだろう。

1　日本古美術に対する友人たちの無関心
2　雪舟や等伯に対する友人たちの無関心
3　雪舟や等伯に対する友人たちの違和感
4　日本画に対する友人たちの不見識
5　友人たちの自国（フランス）の文化に対する優越感

5 次の文章の下線部はどのようなことを指しているか。

　珠算での計算において，ソロバンの珠の動かし方そのものは単純である。数時間もあれば，そのやり方を学ぶことができる。そこで，その後の珠算塾での「学習」は，もっぱら計算（珠の操作）が速くなることに向けられる。一定時間内に，桁数の大きい数の計算がどのくらいたくさん誤りなくできるかによって珠算の「実力」が評価され，「級」や「段」が与えられる。子どもたちは，より上の級に上がるため，珠算での計算の速度を速めるよう練習をくり返すのである。

　そこでは多くの場合，なぜこのやり方はうまくいくのか，このステップはどんな意味をもっているのか，などを考えてみようとはしないであろう。教えられたやり方を使って計算しさえすれば，正しい答えがちゃんと出てくるし，何度もくり返し練習すれば確実に速くなる。そして望み通り，級も上へと進むことができるのである。したがって，珠算での熟達者は，計算は非常に速いが，珠算の手続きの本質的意味については理解していない，ということが起こりやすい。

1　教えられたやり方を疑ってみること
2　なぜ珠算が熟達したのかと考えてみること
3　なぜ珠算を練習する必要があるのかということ
4　珠算の各ステップはどんな意味を持っているのかということ
5　珠算の習熟には計算能力の向上以外の意義があるということ

6 次の文の要旨として，正しいものはどれか。

　法律では，十八歳になると誰でも自分の生き方を選ぶ権利がある，ということになっている。つまり法律上誰でも「自由」を保証される。でもここには原則がある。

　近代社会では，人が「自由」を保証されるのは，人間が生まれつき自由だから，というのではぜんぜんありません。十八歳くらいになれば，他人の自由を尊重することができ，万一誰かの自由を損なったらきちんとそれを償う能力があるはずだ，ということです。他人の自由を尊重し，守れる能力がある，そのことで，はじめて人は「自由」と「人権」を保証される。そういう原則になっている。それが「自由の相互承認」ということです。

　こう言うと，「だったら身障者の人たちはどうなるんだ」という人もいるでしょう。たしかにそうで，知力や身体性に難があるために，他人の自由を損なったとき，それを補償する能力をもたない人もいるが，そういう人には人権はないのか，と。

これは責任と義務を共有できる人間どうしで，そういう人の自由と権利も確保しようという合意を取り決めているのです。誰でも自分の家族にそういうハンデある人を身内としてもつ可能性があるわけですから。

1　18歳未満の子供には，自由と人権は与えてはならない。
2　どんな人にでも，自由と人権は無条件で保証されるべきだ。
3　近代社会では18歳になれば，だれにでも自由は与えられる。
4　自由と人権を獲得するには，責任能力を持つ必要がある。
5　障害者の人たちには，自由と人権は与えられていない。

[7]　次の文章の内容として一致しているものはどれか。

　多くの場合，「批判」という言葉を聞いて連想することは，「相手を攻撃する」などといったイメージである。しかしながら，批判とは，本来，検討を充分に加えた上で批評するものであり，また，「批判」と訳されるドイツ語のクリティークは，「よいものを選び取る」というニュアンスが強い。いずれにしても，相手を感情的に攻撃することとは，似て非なるものであるといえよう。

　かつて，シュンペーターという経済学者は，同時代に活躍した経済学者であるケインズについて，真っ向から異なる見解を述べながら批評を続けた。一方，ケインズが亡くなった後に書いた追悼論文では，異なる見解を述べることを控えつつ，亡き学者の実績と学説を細部にいたるまでまとめ上げた。私達は，ここに本来あるべき批判の姿勢をみることができる。

　自らと異なる見解を持つ者に感情をぶつけることは本当の意味での批判でなく，ましてや学問のあるべき姿勢にはなじまない。異なる見解だからこそ，詳細に検討し，誤りと考える部分をその根拠を挙げながら論理的に指摘し，筋道立てて自説を展開しければならない。

1　批判の出発点は，相手を攻撃することである。
2　ドイツ語のクリティークという概念こそ，批判の対象となるべきものである。
3　ケインズとシュンペーターは，互いの経済学説について激しい論争を繰り広げた。
4　ケインズについて述べたシュンペーターによる追悼論文には，詳細な研究の跡が反映されていた。
5　学者にとって批判精神は命そのものであり，批判の型も個性的なものでなければならない。

◯◯◯解答・解説◯◯◯

1 4

解説 藤田正勝編『哲学の根本問題 数理の歴史主義展開』P69より。
1 最後の一文と一致しない。 2 宗教の開祖についての言及はない。
3 「ただわれわれが物を考えるというだけならば必ずしも論理的とはいわれない。」の部分と一致しない。 4 正しい。「論理的ということは，そういう場合には論証的，推論的ということになる。」という部分の主旨と一致する。 5 伝道の際に，人々を説得するために，信仰内容を論理的な教義に組織した神学が不可欠であるとしている。

2 3

解説 黒井千次『老いるということ』。 1 適切でない。空欄直前の「自らが渦中にある老いを捉えた優れた小説に切実なリアリティーが宿るのは確かですが」と矛盾する。空欄には，高齢者の立場から老いを論じる態度を表す語句は入らない。 2 適切でない。「傍観者」という言葉では，老いに対する関心が希薄な意味合いに受け取られる。 3 適切。まだ高齢者ではない人の視点から老いの本質を客観的に分析する態度を指している。 4 適切でない。設問が要求しているのは，自分自身が老いをまだ経験していないという前提に基づいている語句である。 5 適切でない。空欄後の「切実さやリアリティー」と矛盾する。想像力だけでは老いの本質をとらえるには不十分。

3 5

解説 金田一春彦『話し言葉の技術』。 1 言語の持つ4つの側面について，筆者は例を挙げて説明しているが，設問文の要旨としては不十分。
2 設問文は，話し言葉と書き言葉の役割について述べた文ではない。言語の性質について論じている。 3 日本に住む外国人が，必ずしも日本語を駆使できなくても暮らしていけるように，言語を駆使できるレベルでなくても社会生活を営むことはできる。また言語を駆使できないと生活に支障をきたすとは，どういうことかについての具体的な記述がない。
4 人間以外の動物も仲間とコミュニケーションをとり，社会生活を営んでいる。 5 正しい。私たちが社会生活を営む際に，言語を用いないですませるということはまったく考えられない。

4 3

解説 高階秀爾『日本近代美術史論』。雪舟，（長谷川）等伯は，とも
に日本を代表する水墨画家である。雪舟は室町時代，等伯は安土桃山時
代に活躍した。雪舟の代表作は「四季山水図」，等伯の代表作は「松林図
屏風」である。　1　友人たちが日本古美術に対してまったく関心がない
のなら，筆者に同行することはあり得ない。　2　友人たちは，雪舟や等
伯の作品に対して大いに関心を持っていた。　3　正しい。友人たちのよ
そよそしさは，雪舟と等伯の作品に対する言葉では言い表せない違和感が
原因と考えられる。　4　日本画に対する不見識とはあまりにも的外れで
ある。　5　友人たちが，自国の文化に対する優越感のせいで，雪舟や等
伯を理解できなかったとはまったく考えられない。

5 4

解説 稲垣佳世子・波多野誼余夫『人はいかに学ぶか』。この文章の要
旨は，「珠算塾では計算（珠の操作）が速くなることを練習する。子どもた
ちの目的も，速く誤りなく計算し，上の級に上がることである。そこでは
多くの場合，なぜこのやり方はうまくいくのか，このステップはどんな意
味をもっているのかなどを考えてみようとはしないであろう。」というこ
と。「珠算の手続き」とは珠の動かし方であり，桁のくり上がりやくり下が
りなど，「この問題のときはこの動かし方」という練習して覚えた各ステッ
プのこと。「珠算の手続きの本質的意味」とは，「なぜ珠をそのように動か
すのか」，「この手続きは数学的にどのような意味をもつのか」ということ
である。よって，正答は4。

6 4

解説 竹田青嗣『中学生からの哲学「超」入門』より。　1　18歳になれ
ば法律上自由に生き方を選択する権利があるが，18歳未満の子供に自由
や人権がまったくないということではない。　2　本文は近代社会におい
て人が自由と人権を得るための条件について論じている。無条件というこ
とではない。　3　18歳になれば法律上誰でも自由を保証されるのであっ
て，無条件で自由になれるわけではない。　4　正しい。自分の行動に責
任が持てるようになって初めて自由と人権が与えられる。その目安を法律
は18歳と定めている。　5　障害者にも自由と人権が保証される。現代社
会では，障害者に責任能力がないという理由で，自由や人権が与えられな

いということは現実的ではない。

7 4

解説 1 批判とは，本来は，検討を十分に加えるものであるとの記述がある。 2 ドイツ語のクリティークについては，むしろ肯定的に捉えられている。 3 ケインズがシュンペーターを批判したとの記述はない。4 正しい。第2段落の内容と一致している。 5 批判精神そのものを重視する記述や，批判の型が個性的であるべきという記述はない。

非言語分野

計算式・不等式

演習問題

1 分数 $\dfrac{30}{7}$ を小数で表したとき，小数第100位の数字として正しいものはどれか。

　1　1　　　2　2　　　3　4　　　4　5　　　5　7

2 $x = \sqrt{2} - 1$ のとき，$x + \dfrac{1}{x}$ の値として正しいものはどれか。
　1　$2\sqrt{2}$　　2　$2\sqrt{2} - 2$　　3　$2\sqrt{2} - 1$　　4　$3\sqrt{2} - 3$
　5　$3\sqrt{2} - 2$

3 360の約数の総和として正しいものはどれか。

　1　1060　　2　1170　　3　1250　　4　1280　　5　1360

4 $\dfrac{x}{2} = \dfrac{y}{3} = \dfrac{z}{5}$ のとき，$\dfrac{x - y + z}{3x + y - z}$ の値として正しいものはどれか。

　1　-2　　2　-1　　3　$\dfrac{1}{2}$　　4　1　　5　$\dfrac{3}{2}$

5 $\dfrac{\sqrt{2}}{\sqrt{2} - 1}$ の整数部分を a，小数部分を b とするとき，$a \times b$ の値として正しいものは次のうちどれか。
　1　$\sqrt{2}$　　2　$2\sqrt{2} - 2$　　3　$2\sqrt{2} - 1$　　4　$3\sqrt{2} - 3$
　5　$3\sqrt{2} - 2$

6 $x = \sqrt{5} + \sqrt{2}$，$y = \sqrt{5} - \sqrt{2}$ のとき，$x^2 + xy + y^2$ の値として正しいものはどれか。

　1　15　　2　16　　3　17　　4　18　　5　19

7 $\dfrac{\sqrt{2}}{\sqrt{2}-1}$ の整数部分を a, 小数部分を b とするとき, b^2 の値として正しいものはどれか。

 1 $2-\sqrt{2}$ 2 $1+\sqrt{2}$ 3 $2+\sqrt{2}$ 4 $3+\sqrt{2}$

 5 $3-2\sqrt{2}$

8 ある中学校の生徒全員のうち, 男子の7.5%, 女子の6.4%を合わせて37人がバドミントン部員であり, 男子の2.5%, 女子の7.2%を合わせて25人が吹奏楽部員である。この中学校の女子全員の人数は何人か。

 1 246人 2 248人 3 250人 4 252人 5 254人

9 連続した3つの正の偶数がある。その小さい方2数の2乗の和は, 一番大きい数の2乗に等しいという。この3つの数のうち, 最も大きい数として正しいものはどれか。

 1 6 2 8 3 10 4 12 5 14

○○○解答・解説○○○

1 5

解説 実際に30を7で割ってみると,
$\dfrac{30}{7} = 4.28571428571\cdots\cdots$ となり, 小数点以下は, 6つの数字 "285714" が繰り返されることがわかる。$100 \div 6 = 16$ 余り4だから, 小数第100位は, "285714" のうちの4つ目の "7" である。

2 1

解説 $x = \sqrt{2} - 1$ を $x + \dfrac{1}{x}$ に代入すると,

$$x + \dfrac{1}{x} = \sqrt{2} - 1 + \dfrac{1}{\sqrt{2}-1} = \sqrt{2} - 1 + \dfrac{\sqrt{2}+1}{(\sqrt{2}-1)(\sqrt{2}+1)}$$

$$= \sqrt{2} - 1 + \dfrac{\sqrt{2}+1}{2-1}$$

$$= \sqrt{2} - 1 + \sqrt{2} + 1 = 2\sqrt{2}$$

$\boxed{3}$ 2

解 説 360を素因数分解すると，$360 = 2^3 \times 3^2 \times 5$ であるから，約数の総和は$(1 + 2 + 2^2 + 2^3)(1 + 3 + 3^2)(1 + 5) = (1 + 2 + 4 + 8)(1 + 3 + 9)(1 + 5) = 15 \times 13 \times 6 = 1170$ である。

$\boxed{4}$ 4

解 説 $\dfrac{x}{2} = \dfrac{y}{3} = \dfrac{z}{5} = A$　とおく。

$x = 2A$, $y = 3A$, $z = 5A$　となるから，

$x - y + z = 2A - 3A + 5A = 4A$, $3x + y - z = 6A + 3A - 5A = 4A$

したがって，$\dfrac{x - y + z}{3x + y - z} = \dfrac{4A}{4A} = 1$　である。

$\boxed{5}$ 4

解 説 分母を有理化する。

$\dfrac{\sqrt{2}}{\sqrt{2} - 1} = \dfrac{\sqrt{2}(\sqrt{2} + 1)}{(\sqrt{2} - 1)(\sqrt{2} + 1)} = \dfrac{2 + \sqrt{2}}{2 - 1} = 2 + \sqrt{2} = 2 + 1.414\cdots = 3.414\cdots$

であるから，$a = 3$であり，$b = (2 + \sqrt{2}) - 3 = \sqrt{2} - 1$ となる。

したがって，$a \times b = 3(\sqrt{2} - 1) = 3\sqrt{2} - 3$

$\boxed{6}$ 3

解 説 $(x + y)^2 = x^2 + 2xy + y^2$ であるから，

$x^2 + xy + y^2 = (x + y)^2 - xy$ と表せる。

ここで，$x + y = (\sqrt{5} + \sqrt{2}) + (\sqrt{5} - \sqrt{2}) = 2\sqrt{5}$,

$xy = (\sqrt{5} + \sqrt{2})(\sqrt{5} - \sqrt{2}) = 5 - 2 = 3$

であるから，求める $(x + y)^2 - xy = (2\sqrt{5})^2 - 3 = 20 - 3 = 17$

$\boxed{7}$ 5

解 説 分母を有理化すると，

$\dfrac{\sqrt{2}}{\sqrt{2} - 1} = \dfrac{\sqrt{2}(\sqrt{2} + 1)}{(\sqrt{2} - 1)(\sqrt{2} + 1)} = \dfrac{2 + \sqrt{2}}{2 - 1} = 2 + \sqrt{2}$

$\sqrt{2} = 1.4142\cdots\cdots$ であるから，$2 + \sqrt{2} = 2 + 1.4142\cdots\cdots = 3.14142\cdots\cdots$

したがって，$a = 3$, $b = 2 + \sqrt{2} - 3 = \sqrt{2} - 1$といえる。

したがって，$b^2 = (\sqrt{2} - 1)^2 = 2 - 2\sqrt{2} + 1 = 3 - 2\sqrt{2}$である。

$\boxed{8}$ 3

解 説 男子全員の人数をx，女子全員の人数をyとする。

$0.075x + 0.064y = 37\cdots$①

$0.025x + 0.072y = 25\cdots$②

①$-$②$\times 3$より

$$-\Big)\begin{cases} 0.075x + 0.064y = 37\cdots① \\ 0.075x + 0.216y = 75\cdots②' \end{cases}$$
$$\overline{-0.152y = -38}$$

$\therefore\quad 152y = 38000\qquad\therefore\quad y = 250\quad x = 280$

よって，女子全員の人数は250人。

$\boxed{9}$ 3

解 説 3つのうちの一番小さいものを$x(x>0)$とすると，連続した3つの正の偶数は，x，$x+2$，$x+4$であるから，与えられた条件より，次の式が成り立つ。$x^2+(x+2)^2=(x+4)^2$　かっこを取って，$x^2+x^2+4x+4=x^2+8x+16$　整理して，$x^2-4x-12=0$　よって，$(x+2)(x-6)=0$　よって，$x=-2$，6　$x>0$だから，$x=6$である。したがって，3つの偶数は，6，8，10である。このうち最も大きいものは，10である。

速さ・距離・時間

演習問題

1. 家から駅までの道のりは30kmである。この道のりを，初めは時速5km，途中から，時速4kmで歩いたら，所要時間は7時間であった。時速5kmで歩いた道のりとして正しいものはどれか。

 1 8km 2 10km 3 12km 4 14km 5 15km

2. 横の長さが縦の長さの2倍である長方形の厚紙がある。この厚紙の四すみから，一辺の長さが4cmの正方形を切り取って，折り曲げ，ふたのない直方体の容器を作る。その容積が64cm³のとき，もとの厚紙の縦の長さとして正しいものはどれか。

 1 $6 - 2\sqrt{3}$ 2 $6 - \sqrt{3}$ 3 $6 + \sqrt{3}$ 4 $6 + 2\sqrt{3}$
 5 $6 + 3\sqrt{3}$

3. 縦50m，横60mの長方形の土地がある。この土地に，図のような直角に交わる同じ幅の通路を作る。通路の面積を土地全体の面積の$\frac{1}{3}$以下にするには，通路の幅を何m以下にすればよいか。

 1 8m 2 8.5m 3 9m 4 10m
 5 10.5m

4. 下の図のような，曲線部分が半円で，1周の長さが240mのトラックを作る。中央の長方形ABCDの部分の面積を最大にするには，直線部分ADの長さを何mにすればよいか。次から選べ。

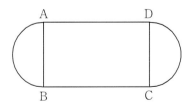

 1 56m 2 58m 3 60m 4 62m 5 64m

5 AとBの2つのタンクがあり，Aには8m³，Bには5m³の水が入っている。Aには毎分1.2m³，Bには毎分0.5m³ずつの割合で同時に水を入れ始めると，Aの水の量がBの水の量の2倍以上になるのは何分後からか。正しいものはどれか。

　　1　8分後　　　2　9分後　　　3　10分後　　　4　11分後　　　5　12分後

〇〇〇解答・解説〇〇〇

1　2

解説　時速5kmで歩いた道のりを$x$kmとすると，時速4kmで歩いた道のりは，$(30-x)$ kmであり，時間＝距離÷速さ　であるから，次の式が成り立つ。

$$\frac{x}{5}+\frac{30-x}{4}=7$$

両辺に20をかけて，$4x+5(30-x)=7\times20$

整理して，$4x+150-5x=140$

よって，$x=10$ である。

2　4

解説　厚紙の縦の長さを$x$cmとすると，横の長さは$2x$cmである。また，このとき，容器の底面は，縦$(x-8)$cm，横$(2x-8)$cmの長方形で，容器の高さは4cmである。

厚紙の縦，横，及び，容器の縦，横の長さは正の数であるから，

$x>0$，$x-8>0$，$2x-8>0$

すなわち，$x>8$……①

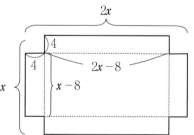

容器の容積が64cm³であるから，

$4(x-8)(2x-8)=64$となり，

$(x-8)(2x-8)=16$

これより，$(x-8)(x-4)=8$

$x^2-12x+32=8$となり，$x^2-12x+24=0$

よって，$x=6\pm\sqrt{6^2-24}=6\pm\sqrt{12}=6\pm2\sqrt{3}$

このうち①を満たすものは，$x-6+2\sqrt{3}$

$\boxed{3}$ 4

解説 通路の幅をxmとすると，$0<x<50$……①

また，$50x+60x-x^2\leqq1000$

よって，$(x-10)(x-100)\geqq0$

したがって，$x\leqq10$，$100\leqq x$……②

①②より，$0<x\leqq10$　つまり，10m以下。

$\boxed{4}$ 3

解説 直線部分ADの長さをxmとおくと，$0<2x<240$より，xのとる値の範囲は，$0<x<120$である。

半円の半径をrmとおくと，

$2\pi r=240-2x$より，

$r=\dfrac{120}{\pi}-\dfrac{x}{\pi}=\dfrac{1}{\pi}(120-x)$

長方形ABCDの面積をym²とすると，

$y=2r\cdot x=2\cdot\dfrac{1}{\pi}(120-x)x$

$\quad=-\dfrac{2}{\pi}(x^2-120x)$

$\quad=-\dfrac{2}{\pi}(x-60)^2+\dfrac{7200}{\pi}$

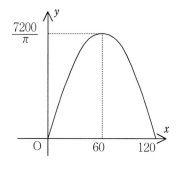

この関数のグラフは，図のようになる。yは$x=60$のとき最大となる。

$\boxed{5}$ 3

解説 x分後から2倍以上になるとすると，題意より次の不等式が成り立つ。

$\qquad 8+1.2x\geqq2(5+0.5x)$

かっこをはずして，$8+1.2x\geqq10+x$

整理して，$0.2x\geqq2$　よって，$x\geqq10$

つまり10分後から2倍以上になる。

組み合わせ・確率

演習問題

$\boxed{1}$ 1個のさいころを続けて3回投げるとき，目の和が偶数になるような場合は何通りあるか。正しいものを選べ。

 1 106通り 2 108通り 3 110通り 4 112通り

 5 115通り

$\boxed{2}$ A，B，C，D，E，Fの6人が2人のグループを3つ作るとき，AとBが同じグループになる確率はどれか。正しいものを選べ。

 1 $\dfrac{1}{6}$ 2 $\dfrac{1}{5}$ 3 $\dfrac{1}{4}$ 4 $\dfrac{1}{3}$ 5 $\dfrac{1}{2}$

○○○解答・解説○○○

$\boxed{1}$ 2

解説 和が偶数になるのは，3回とも偶数の場合と，偶数が1回で，残りの2回が奇数の場合である。さいころの目は，偶数と奇数はそれぞれ3個だから，

 (1) 3回とも偶数：$3 \times 3 \times 3 = 27$〔通り〕

 (2) 偶数が1回で，残りの2回が奇数

  ・偶数/奇数/奇数：$3 \times 3 \times 3 = 27$〔通り〕

  ・奇数/偶数/奇数：$3 \times 3 \times 3 = 27$〔通り〕

  ・奇数/奇数/偶数：$3 \times 3 \times 3 = 27$〔通り〕

したがって，合計すると，$27 + (27 \times 3) = 108$〔通り〕である。

$\boxed{2}$ 2

解説 A，B，C，D，E，Fの6人が2人のグループを3つ作るときの，すべての作り方は$\dfrac{_6C_2 \times _4C_2}{3!} = 15$通り。このうち，AとBが同じグループになるグループの作り方は$\dfrac{_4C_2}{2!} = 3$通り。よって，求める確率は$\dfrac{3}{15} = \dfrac{1}{5}$である。

演習問題

1　次の図で，直方体ABCD－EFGHの辺 AB，BCの中点をそれぞれ
M，Nとする。この直方体を3点M，F，Nを通る平面で切り，頂点B
を含むほうの立体をとりさる。AD＝DC
＝8cm，AE＝6cmのとき，△MFNの
面積として正しいものはどれか。

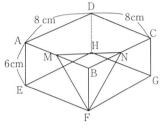

1　$3\sqrt{22}$〔cm²〕　　2　$4\sqrt{22}$〔cm²〕
3　$5\sqrt{22}$〔cm²〕　　4　$4\sqrt{26}$〔cm²〕
5　$4\sqrt{26}$〔cm²〕

2　右の図において，四角形ABCDは円に内
接しており，弧BC＝弧CDである。AB，AD
の延長と点Cにおけるこの円の接線との交点
をそれぞれP，Qとする。AC＝4cm，CD＝
2cm，DA＝3cmとするとき，△BPCと△
APQの面積比として正しいものはどれか。

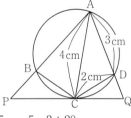

1　1:5　　2　1:6　　3　1:7　　4　2:15　　5　3:20

3　1辺の長さが15のひし形がある。その対角線の長さの差は6である。
このひし形の面積として正しいものは次のどれか。

1　208　　2　210　　3　212　　4　214　　5　216

4　右の図において，円C_1の
半径は2，円C_2の半径は5，2
円の中心間の距離は$O_1O_2＝9$
である。2円の共通外接線lと2
円C_1，C_2との接点をそれぞれA，
Bとするとき，線分ABの長さ
として正しいものは次のどれ
か。

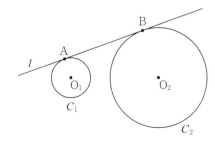

1　$3\sqrt{7}$　　2　8　　3　$6\sqrt{2}$　　4　$5\sqrt{3}$　　5　$4\sqrt{5}$

5 下の図において，点Eは，平行四辺形ABCDの辺BC上の点で，AB ＝AEである。また，点Fは，線分AE上の点で，∠AFD＝90°である。∠ABE＝70°のとき，∠CDFの大きさとして正しいものはどれか。

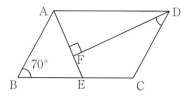

1 48°　　2 49°　　3 50°　　4 51°　　5 52°

6 底面の円の半径が4で，母線の長さが12の直円すいがある。この円すいに内接する球の半径として正しいものは次のどれか。

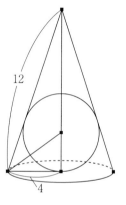

1 $2\sqrt{2}$

2 3

3 $2\sqrt{3}$

4 $\dfrac{8}{3}\sqrt{2}$

5 $\dfrac{8}{3}\sqrt{3}$

○○○解答・解説○○○

1 2

解説 △MFNはMF＝NFの二等辺三角形。MB＝$\dfrac{8}{2}$＝4，BF＝6より，

MF^2＝4^2+6^2＝52

また，MN＝$4\sqrt{2}$

FからMNに垂線FTを引くと，△MFTで三平方の定理より，

FT^2＝MF^2－MT^2＝$52-\left(\dfrac{4\sqrt{2}}{2}\right)^2$＝52－8＝44

よって，FT＝$\sqrt{44}$＝$2\sqrt{11}$

したがって，△MFN＝$\dfrac{1}{2}\cdot4\sqrt{2}\cdot2\sqrt{11}$＝$4\sqrt{22}$〔cm²〕

$\boxed{2}$ 3

解説 ∠PBC＝∠CDA，∠PCB＝∠BAC＝∠CADから，

△BPC∽△DCA

相似比は2：3，面積比は，4：9

また，△CQD∽△AQCで，相似比は1：2，面積比は1：4

したがって，△DCA：△AQC＝3：4

よって，△BPC：△DCA：△AQC＝4：9：12

さらに，△BPC∽△CPAで，相似比1：2，面積比1：4

よって，△BPC：△APQ＝4：(16＋12)＝4：28＝1：7

$\boxed{3}$ 5

解説 対角線のうちの短い方の長さの半分の長さをxとすると，長い方の対角線の長さの半分は，$(x+3)$と表せるから，三平方の定理より次の式がなりたつ。

$$x^2 + (x+3)^2 = 15^2$$

整理して，$2x^2 + 6x - 216 = 0$ よって，$x^2 + 3x - 108 = 0$

$(x-9)(x+12) = 0$より，$x = 9, -12$ xは正だから，$x = 9$である。

したがって，求める面積は，$4 \times \dfrac{9 \times (9+3)}{2} = 216$

$\boxed{4}$ 5

解説 円の接線と半径より

$O_1A \perp l$，$O_2B \perp l$であるから，

点O_1から線分O_2Bに垂線O_1Hを

下ろすと，四角形AO_1HBは長方

形で，

$HB = O_1A = 2$だから，

$O_2H = 3$

△O_1O_2Hで三平方の定理より，

$O_1H = \sqrt{9^2 - 3^2} = 6\sqrt{2}$

よって，$AB = O_1H = 6\sqrt{2}$

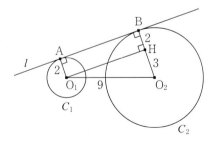

$\boxed{5}$ 3

解説 ∠AEB = ∠ABE = 70°より，∠AEC = 180 − 70 = 110°
また，∠ABE + ∠ECD = 180°より，∠ECD = 110°
四角形FECDにおいて，四角形の内角の和は360°だから，
∠CDF = 360° − (90° + 110° + 110°) = 50°

$\boxed{6}$ 1

解説 円すいの頂点をA，球の中心を
O，底面の円の中心をHとする。3点A, O,
Hを含む平面でこの立体を切断すると，
断面は図のような二等辺三角形とその内
接円であり，求めるものは内接円の半径
OHである。

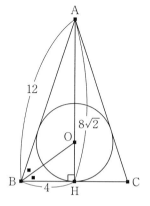

△ABHで三平方の定理より，
AH = $\sqrt{12^2 - 4^2} = 8\sqrt{2}$

Oは三角形ABCの内心だから，BO
は∠ABHの2等分線である。

よって，AO : OH = BA : BH = 3 : 1

OH = $\dfrac{1}{4}$ AH = $2\sqrt{2}$

演習問題

1 O市，P市，Q市の人口密度（1km²あたりの人口）を下表に示してある，O市とQ市の面積は等しく，Q市の面積はP市の2倍である。

市	人口密度
O	390
P	270
Q	465

このとき，次の推論ア，イの正誤として，正しいものはどれか。

ア　P市とQ市を合わせた地域の人口密度は300である

イ　P市の人口はQ市の人口より多い

1　アもイも正しい

2　アは正しいが，イは誤り

3　アは誤りだが，イは正しい

4　アもイも誤り

5　アもイもどちらとも決まらない

2 2から10までの数を1つずつ書いた9枚のカードがある。A，B，Cの3人がこの中から任意の3枚ずつを取ったところ，Aの取ったカードに書かれていた数の合計は15で，その中には，5が入っていた。Bの取ったカードに書かれていた数の合計は16で，その中には，8が入っていた。Cの取ったカードに書かれていた数の中に入っていた数の1つは，次のうちのどれか。

1　2　　2　3　　3　4　　4　6　　5　7

3 体重の異なる8人が，シーソーを使用して，一番重い人と2番目に重い人を選び出したい。シーソーでの重さ比べを，少なくとも何回行わなければならないか。ただし，シーソーには両側に1人ずつしか乗らないものとする。

1　6回　　2　7回　　3　8回　　4　9回　　5　10回

4 A～Fの6人がゲーム大会をして，優勝者が決定された。このゲーム大会の前に6人は，それぞれ次のように予想を述べていた。予想が当たったのは2人のみで，あとの4人ははずれであった。予想が当たった2人の組み合わせとして正しいものはどれか。

    A 「優勝者は，私かCのいずれかだろう。」
    B 「優勝者は，Aだろう。」
    C 「Eの予想は当たるだろう。」
    D 「優勝者は，Fだろう。」
    E 「優勝者は，私かFのいずれかだろう。」
    F 「Aの予想ははずれるだろう。」

    1 A，B   2 A，C   3 B，D   4 C，D   5 D，E

5 ある会合に参加した人30人について調査したところ，傘を持っている人，かばんを持っている人，筆記用具を持っている人の数はすべて1人以上29人以下であり，次の事実がわかった。

    i ）傘を持っていない人で，かばんを持っていない人はいない。
    ii）筆記用具を持っていない人で，かばんを持っている人はいない。
    このとき，確実に言えるのは次のどれか。

    1 かばんを持っていない人で，筆記用具を持っている人はいない。
    2 傘を持っている人で，かばんを持っている人はいない。
    3 筆記用具を持っている人で，傘を持っている人はいない。
    4 傘を持っていない人で，筆記用具を持っていない人はいない。
    5 かばんを持っている人で，傘を持っている人はいない。

6 次A，B，C，D，Eの5人が，順に赤，緑，白，黒，青の5つのカードを持っている。また赤，緑，白，黒，青の5つのボールがあり，各人がいずれか1つのボールを持っている。各自のカードの色とボールの色は必ずしも一致していない。持っているカードの色とボールの色の組み合わせについてア，イのことがわかっているとき，Aの持っているボールの色は何色か。ただし，以下でXとY 2人の色の組み合わせが同じであるとは，「Xのカード，ボールの色が，それぞれYのボール，カードの色と一致」していることを意味する。

    ア CとEがカードを交換すると，CとDの色の組み合わせだけが同じになる。
    イ BとDがボールを交換すると，BとEの色の組み合わせだけが同じ

になる。

1　青　　2　緑　　3　黒　　4　赤　　5　白

○○○解答・解説○○○

1 3

解説　「O市とQ市の面積は等しく，Q市の面積はP市の2倍」ということから，仮にO市とQ市の面積を1km²，P市の面積を2km²と考える。

ア…P市の人口は270×2＝540人，Q市の人口は465×1＝465人で，2つの市を合わせた地域の面積は3km2なので，人口密度は，（540＋465）÷3＝335人になる。

イ…P市の人口は540人，Q市は465人なので，P市の方が多いので正しいといえる。

よって推論アは誤りだが，推論イは正しい。

よって正解は3である。

2 3

解説　まず，Bが取った残りの2枚のカードに書かれていた数の合計は，16－8＝8である。したがって2枚のカードはどちらも6以下である。ところが「5」はAが取ったカードにあるから除くと，「2」，「3」，「4」，「6」の4枚となるが，この中で2数の和が8になるのは，「2」と「6」しかない。

次にAが取った残りの2枚のカードに書かれていた数の合計は，15－5＝10である。したがって2枚のカードはどちらも8以下である。この中で，すでにA自身やBが取ったカードを除くと「3」，「4」，「7」の3枚となるが，この中で2数の和が10になるのは，「3」と「7」のみである。

以上のことから，Cの取った3枚のカードは，AとBが取った残りの「4」「9」「10」である。

3 4

解説　全員の体重が異なるのだから，1人ずつ比較するしかない。したがって一番重い人を見つけるには，8チームによるトーナメント試合数，すなわち8－1＝7（回）でよい。図

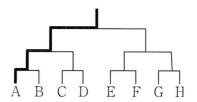

は8人をA〜Hとしてその方法を表したもので，Aが最も重かった場合である。次に2番目に重い人の選び出し方であるが，2番目に重い人の候補になるのは，図でAと比較してAより軽いと判断された3人である。すなわち最初に比較したBと，2回目に比較したC，Dのうちの重い方と，最後にAと比較したE〜Hの中で一番重い人の3人である。そしてこの3人の中で一番重い人を見つける方法は2回でよい。結局，少なくとも7＋2＝9（回）の重さ比べが必要であるといえる。

4 1

解説　下の表は，縦の欄に優勝したと仮定した人。横の欄に各人の予想が当たったか（○）はずれたか（×）を表したものである。

	A	B	C	D	E	F
A	○	○	×	×	×	×
B	×	×	×	×	×	○
C	○	×	×	×	×	×
D	×	×	×	×	×	○
E	×	×	○	×	○	○
F	×	×	○	○	○	○

「予想が当たったのは，2人のみ」という条件を満たすのは，Aが優勝したと仮定したときのAとBのみである。よって，1が正しい。

5 3

解説　ⅰ）ⅱ）より集合の包含関係は図のようになっている。

図より，傘を持っていない人の集合と，筆記用具を持っていない人の集

合の共通部分は空集合であり，選択肢1，2，3，5については必ずしも空集合とは限らない。

　したがって，確実に言えるのは「傘を持っていない人で，筆記用具を持っていない人はいない」のみである。

6 5

解説　最初の状態は，

	A	B	C	D	E
カード	赤	緑	白	黒	青

　まずアより，EとCがカードを交換した場合，CとDの色の組み合わせだけが同じになることから，ボールの色が次のように決まる。

	A	B	C	D	E
カード	赤	緑	青	黒	白
ボール			黒	青	

　つまり，Cのボールが黒，Dのボールが青と決まる。

　カード交換前のカードの色で表すと，

	A	B	C	D	E
カード	赤	緑	白	黒	青
ボール			黒	青	

　さらにイより，BとDがボールを交換すると，BとEの色の組み合わせだけが同じになることから，Eのボールの色が緑ときまる。つまり，

	A	B	C	D	E
カード	赤	緑	白	黒	青
ボール			黒	青	緑

　ここで，Bのボールの色が白だとすると，Dとボールを交換したときに，CとDが黒と白で同じ色の組み合わせになってしまう。したがって，Aのボールの色が白，Bのボールの色が赤といえる。

　つまり，次のように決まる。

	A	B	C	D	E
カード	赤	緑	白	黒	青
ボール	白	赤	黒	青	緑

演習問題

1 次の表は消防白書（総務省）より平成26年の出火原因別火災の発生状況とその損害額（千円）をまとめたものである。これについて正しいものはどれか。

出火原因	出火件数	損害額（千円）
放火	4884	3442896
こんろ	3484	3736938
たばこ	4088	4534257
放火の疑い	3154	2428493
たき火	2913	944074
火遊び	978	448466
火入れ	1665	257438
ストーブ	1426	5003139
電灯・電話の配線等	1298	5435929
配線器具	1193	2928339

（総務省消防庁『平成27年版　消防白書』より作成）

1 「火遊び」による損害額は最も低く，1件あたりの損害額も最も低くなっている。
2 「放火」による出火件数は最も多く，1件あたりの損害額は150万円を超える。
3 例年最も多い出火原因として挙げられるのは「放火」によるものである。
4 損害額が最も高い項目は，1件あたりの損害額も最も高くなっている。
5 損害額が3番目に高い項目は，1件あたりの損害額も同順位となっている。

2 次の表は2014年における各国の失業者数・失業率を示したものである。この表から正しくいえるものはどれか。

	失業者数（千人）	失業率（％）
日本	2359	3.6
フランス	3001	10.2
アメリカ	9616	6.2
韓国	937	3.5
ドイツ	2090	5.0
オーストラリア	745	6.1

（ILO "KILM 8th edition" より作成）

1　失業者数が最も多い国は，最も少ない国のおよそ15倍の人数である。

2　失業率が最も高い国は，失業者数も最も多くなっている。

3　日本の失業者数は，韓国の失業者数のおよそ2.5倍である。

4　失業率が最も低い国は，失業者数も最も少なくなっている。

5　ドイツはいずれの項目においても3番目に高い数値となっている。

3　次の表は各国の漁獲量（千t）を表している。この表から正しくいえるものはどれか。

	1960年	1980年	2000年	2014年
中国	2,215	3,147	14,982	17,514
インドネシア	681	1,653	4,159	6,508
アメリカ合衆国	2,715	3,703	4,760	4,984
インド	1,117	2,080	3,726	4,719
ロシア	3,066	9,502	4,027	4,233
ミャンマー	360	577	1,093	4,083

（帝国書院『地理データファイル2017年度版』より作成）

1　いずれの国においても，漁獲量は年々増加しており，2014年が最も大きい値となっている。

2　2014年におけるミャンマーの漁獲量は，1960年の漁獲量の12倍以上である。

3　2000年において漁獲量が最も少ない国は，2014年においても最も少ない漁獲量の数値を示している。

4　1980年における中国の漁獲量は，1960年の漁獲量の2倍以上である。

5　インドネシアにおける漁獲量は，いずれの年においてもアメリカの漁獲量を下回っている。

4 次の図は、わが国の製造業の事業所数、従業者数、出荷額について、平成7年の数値を100として表したものである（以下製造業を略す）。この図からいえることとして正しいものはどれか。

（経済産業省「工業統計調査」より作成）

1 平成15年の従業者数は平成12年の0.9倍以上である。

2 平成15年の1事業所当たりの出荷額は平成10年と比較して減少している。

3 平成10年の事業所数は平成15年の事業所数の1.2倍未満である。

4 平成12年の1事業所当たりの従業者数は平成10年と比較して増加している。

5 平成17年の1事業所当たりの出荷額は平成7年の1.4倍以上である。

5 次の表は、日本におけるサービス業、卸売・小売業、製造業の就業者数の推移を示したものである。この表から読み取れる内容についての記述として、妥当なものはどれか。

	就業者数（万人）			
	総数	サービス業	卸売・小売業	製造業
1970年	5,443	906	873	1,453
1980年	5,866	1,279	1,040	1,356
1990年	6,427	1,716	1,104	1,488
2000年	6,526	2,154	1,141	1,249
2010年	6,448	2,283	1,172	1,018

（「国民所得計算」「日本の100年」より作成）

1　1970年から1990年にかけてのデータを比較すると，各業種ともに新しいデータほど就業者の人数が多くなっている。
2　業種ごとに就業者の増減を比較すると，時期が下るほど就業者が増加し続けている業種はない。
3　最も変動が激しい業種について，最少と最多の時期を比較すると，2.5倍を超える開きがある。
4　就業者の数について，最少と最多の時期の開きが最も小さい業種は，製造業である。
5　就業者の総数は，実質国内総生産の推移によって変動している。

6　次の表は，わが国の自然公園の地域別面積を示したものである。自然公園は国立公園，国定公園及び都道府県立自然公園の3種類がある。またそれぞれ特別地域が定められている。この表からいえることとして正しいものはどれか。

わが国の自然公園の地域別面積

種別	公園数	公園面積(ha)	国土面積に対する比率(%)	内訳			
				特別地域		普通地域	
				面積(ha)	比率(%)	面積(ha)	比率(%)
国立公園	29	2,087,504	5.523	1,504,690	72.1	582,814	27.9
国定公園	56	1,362,065	3.604	1,267,743	93.1	94,322	6.9
都道府県立自然公園	313	1,970,780	5.214	716,531	36.4	1,254,248	63.6
自然公園合計	398	5,420,349	14.341	3,488,964	64.4	1,931,384	35.6

（環境省「自然公園面積総括表」より作成）

1　国立公園の普通地域の面積の，自然公園合計の普通地域の面積に対する割合は28％未満である。
2　国立公園の1公園当たりの面積は，国定公園の1公園当たりの面積の4倍以上である。
3　都道府県立自然公園の特別地域の面積の，国土面積に対する割合は2.6％未満である。
4　国定公園の面積は，都道府県立自然公園の面積の0.6倍未満である。
5　国立公園の1公園当たりの面積は，69,000ha未満である。

7 次の表は，日本における織物の生産の推移を示している。この表から読み取れる内容として妥当なものはどれか。

（単位　百万m²）

	1980年	1990年	2000年	2010年
天然繊維織物・・・・・・・・・	2675	2199	799	161
綿織物・・・・・・・・・・・・	2202	1765	664	124
毛織物・・・・・・・・・・・・	294	335	98	32
絹・絹紡織物・・・・・・・・	152	84	33	4
化学繊維織物・・・・・・・・・	4040	3376	1846	822
再生・半合成繊維織物	882	708	273	92
合成繊維織物・・・・・・・・	3159	2668	1573	730
計×・・・・・・・・・・・・・・	6737	5587	2645	983

×その他とも。

（経済産業省「生産動態統計」『日本国勢図会2018/19』より作成）

1　化学繊維織物の生産が最も減少している時期は，オイルショックの時期と重なっている。

2　天然繊維織物について，最も古いデータと最も新しいのデータを比較すると，約30分の1に減少している。

3　日本における織物の生産は，全体として減少傾向にあるものの，品目によっては一時的に増加している。

4　織物の生産の合計の推移をみると，2000年から2010年にかけての減少幅が最も大きい。

5　天然繊維織物の減少の要因としては，化学繊維織物の品質の向上によるものが大きい。

8 次の図は，日本の2016年における従業者4人以上の従業者数別事業所数の割合と，それぞれの事業所が占める製造品出荷額等の割合を示したグラフである。ここから読み取れる内容として，最も妥当なものはどれか。

日本の従業者数別事業所数と製造品出荷額等

（二宮書店『2020データブック・オブ・ワールド』より作成）

1 300人以上の事業所による製造品出荷額等の金額は，全体の半分に満たない。
2 従業者4〜9人の事業所による製造品出荷額等の金額は，6兆円に満たない。
3 事業所数について比較すると，その割合が最も多いのは事業者数が4〜9人の事業所であり，その数は，7万を超えている。
4 事業所数について，20人以上の事業所は，全体の3分の1に満たない。
5 事業所数について，その増加率を比較すると，300人以上の事業所の増加率が最も高く，10%を超えている。

9 次の図は，縦軸が第3次産業人口率，横軸が1人当たり国民総所得（GNI）を表し，各国のそれぞれの値をもとにグラフ上に点で示したものである。この図から読み取れる内容として，最も妥当なものはどれか。

（二宮書店『2020データブック・オブ・ワールド』より作成）

1 第3次産業人口率の差は，イギリス，スウェーデンの間で最大となっている。
2 第3次産業人口率が60%以上，1人当たり国民総所得が20000ドル以下という条件を両方満たすのは，4カ国である。
3 1人当たり国民総所得について比較すると，日本の順位は，フランスに次ぐ7位である。
4 第2次産業人口率が高いほど，第3次産業人口率が高く，1人当たり

国民総所得が低い。

　5　1人当たり国民総所得の差は，アメリカと南アフリカの間で最大となっている。

○○○解答・解説○○○

1 4

解説　1　損害額が最も低く，1件あたりの損害額も最も低いのは「火入れ」である。　2　「放火」による出火件数は最も多いが，1件あたりの損害額はおよそ100万円である。　3　平成26年における出火原因として最も多いのは「放火」であるものの，その他の年については表からは読み取れない。　4　正しい。損害額が最も高く，1件あたりの損害額も最も高い項目はいずれも「電灯・電話の配線等」である。　5　損害額が3番目に高い項目は「たばこ」であるが，1件あたりの損害額が3番目に高い項目は「配線器具」である。

2 3

解説　1　失業者数が最も多い国はアメリカ（9616人）であり，最も少ない国であるオーストラリアのおよそ13倍である。　2　失業率が最も高い国はフランスであり，失業者数が最も多い国はアメリカである。3　正しい。日本の失業者数は2359人であり，韓国の失業者数である937人のおよそ2.5倍である。　4　表から読み取れるように，失業率が最も低い国は韓国の3.5%であり，失業者数が最も少ない国はオーストラリアでその人数は745人である。　5　ドイツはいずれの項目においても4番目に高い数値となっている。

3 3

解説　1．誤り。ロシアに関しては，1980年から2000年にかけて漁獲量が減少していることが表から読み取れる。　2．誤り。2014年におけるミャンマーの漁獲量は，1960年の漁獲量の11倍程度である。　3．正しい。いずれの年においてもミャンマーが最も少ない値を示している。　4．誤り。1980年における中国の漁獲量は，1960年の漁獲量の1.4倍程度である。　5．誤り。2014年においてはインドネシアの漁獲量がアメリカ合衆国の漁獲量を上回っている。

4　4

解説　1. 平成15年の0.9倍であれば数値が81以上になるはずであるが，実際には79.6だから0.9倍未満である。　2. 1事業所当たりの出荷額は［出荷額］÷［事業所数］で求められる。平成15年において出荷額の数値（89.3）を事業所数の数値（77.1）で割ると1.1を超えるが，平成10年は1.1未満。つまり平成15年の1事業所当たりの出荷額は平成10年と比較して増加している。　3. 平成15年の事業所数の数値を80としても，$80 \times 1.2 < 98.3$（平成10年の数値）。よって，1.2倍以上である。　4. 1事業所当たりの従業者数は［従業者数］÷［事業所数］で求められる。平成10年と平成12年では事業所数のグラフと従業者数のグラフの上下が逆になっており，平成12年において，事業所数のグラフは従業者数のグラフより下にある。したがって，平成12年の1事業所当たりの従業者数が平成10年と比較して増加しているのは明らか。　5. 平成7年において出荷額の数値（100）を事業所数の数値（100）で割ると1。一方，平成17年では1.4未満である。つまり，平成17年の1事業所当たりの出荷額は平成7年の1.4倍未満である。

5　3

解説　1. 誤り。1970年と1980年を比較すると，製造業の就業者が減少している。　2. 誤り。サービス業と卸売・小売業については，時期が下るほど就業者が増加している。　3. 正しい。最も変動が激しいサービス業について，最少の1970年と最多の2010年を比較すると，$2283/906 ≒ 2.52$倍の開きがある。　4. 誤り。最少と最多の時期の開きは，サービス業が$2283 - 906 = 1377$〔万人〕，卸売・小売業が$1172 - 873 = 299$〔万人〕，製造業が$1488 - 1018 = 470$〔万人〕である。　5. 誤り。実質国内総生産が示されていないので，判断できない。

6　3

解説　1. 自然公園合計の普通地域の面積を2,000,000haとしても29％以上である。　2. 国立公園の公園数は国定公園の$\frac{1}{2}$倍より多く，国立公園の面積は国定公園の面積の2倍未満だから，国立公園の1公園当たりの面積は，国定公園の1公園当たりの面積の4倍未満である。　3. 都道府県立自然公園の面積の，国土面積に対する割合は5.214％だから，都道

府県立自然公園の特別地域の面積の，都道府県立自然公園全体の面積に対する割合（36.4％）を40％としても5.214×0.4＜2.6。つまり，都道府県立自然公園の特別地域の面積の，国土面積に対する割合は2.6％未満である。　4．都道府県立自然公園の面積を2,000,000haとしても国定公園の面積は都道府県立自然公園の面積の0.6倍以上であり，実際の都道府県立自然公園の面積は2,000,000ha未満である。よって，国定公園の面積は，都道府県立自然公園の面積の0.6倍以上である。　5．国立公園の公園数を30としても国立公園の1公園当たりの面積は，69,000ha以上であり，実際の国立公園の公園数は30未満である。よって，国立公園の1公園当たりの面積は，69,000ha以上である。

[7] 3

解説　1．誤り。オイルショックとの関連は，表中から読み取れない。なお，第1次オイルショックは1973年，第2次オイルショックは1979年のことである。　2．誤り。天然繊維織物について1980年と2010年のデータを比較すると，約16分の1に減少している。　3．正しい。毛織物について1980年と1990年を比較すると，一時的に増加していることがわかる。4．誤り。減少幅についてみると，2000年から2010年が1662百万m²であるのに対して，1990年から2000年は2942百万m²である。　5．誤り。化学繊維の品質については，表中から読み取れない。

[8] 3

解説　1．誤り。300人以上の事業所による製造品出荷額等の金額は，全体の52.2％であるから，半分を超えている。　2．誤り。出荷額は，全体の出荷額に割合をかけることによって求められるので，302.0356〔兆円〕×0.02≒6.041〔兆円〕である。　3．正しい。まず，グラフより，従業者数別事業所数について最も多いのは4〜9人の事業所であり，その割合は37.6％である。また，その数は，全体の事業所数に割合をかけることによって求められるので，191,000×0.376＝71,816である。　4．誤り。事業所数について，20人以上の事業所は，20〜29人が13.3％，30〜99人が16.1％，100〜299人が5.4％，300人以上が1.8％であるから，合計すると，13.3＋16.1＋5.4＋1.8＝36.6〔％〕となり，全体の3分の1を超えている。5．誤り。増加率を求めるためには時系列のデータが必要であるが，ここでは1年分のデータが与えられているだけなので，判断できない。

9 5

解説 1．誤り。第3次産業人口率の差については，各国の縦軸の値の差を読み取ることによって求められ，イギリス，スウェーデンの差はわずかである。 2．誤り。第3次産業人口率が60％以上，1人当たり国民総所得が20000ドル以下という条件を両方満たすのは，南アフリカ，ロシア，メキシコの3カ国である。 3．誤り。1人当たり国民総所得の順位は9位である。日本より1人当たり国民総所得が大きい国として，アメリカ，スウェーデン，オーストラリア，オランダ，カナダ，ドイツ，イギリス，フランスが挙げられる。 4．誤り。第2次産業人口率についてのデータは示されておらず，判断できない。 5．正しい。1人当たり国民総所得の差については，各国の横軸の値の差を読み取ることによって求められ，最大がアメリカ，最少が南アフリカである。

●情報提供のお願い●

就職活動研究会では，就職活動に関する情報を募集しています。

エントリーシートやグループディスカッション，面接，筆記試験の内容等について情報をお寄せください。ご応募はメールアドレス（edit@kyodo-s.jp）へお願いいたします。お送りくださいました方々には薄謝をさしあげます。

ご協力よろしくお願いいたします。

会社別就活ハンドブックシリーズ

グリーの
就活ハンドブック

編　者　就職活動研究会

発　行　令和6年2月25日

発行者　小貫輝雄

発行所　協同出版株式会社
〒101-0054
東京都千代田区神田錦町2-5
電話　03-3295-1341
振替　東京00190-4-94061

印刷所　協同出版・POD工場

落丁・乱丁はお取り替えいたします

●2025年度版●
会社別就活ハンドブックシリーズ
【全111点】

運　輸

東日本旅客鉄道の就活ハンドブック

東海旅客鉄道の就活ハンドブック

西日本旅客鉄道の就活ハンドブック

東京地下鉄の就活ハンドブック

小田急電鉄の就活ハンドブック

阪急阪神 HD の就活ハンドブック

商船三井の就活ハンドブック

日本郵船の就活ハンドブック

機　械

三菱重工業の就活ハンドブック

川崎重工業の就活ハンドブック

IHI の就活ハンドブック

島津製作所の就活ハンドブック

浜松ホトニクスの就活ハンドブック

村田製作所の就活ハンドブック

クボタの就活ハンドブック

金　融

三菱 UFJ 銀行の就活ハンドブック

三菱 UFJ 信託銀行の就活ハンドブック

みずほ FG の就活ハンドブック

三井住友銀行の就活ハンドブック

三井住友信託銀行の就活ハンドブック

野村證券の就活ハンドブック

りそなグループの就活ハンドブック

ふくおか FG の就活ハンドブック

日本政策投資銀行の就活ハンドブック

建設・不動産

三菱地所の就活ハンドブック

三井不動産の就活ハンドブック

積水ハウスの就活ハンドブック

大和ハウス工業の就活ハンドブック

鹿島建設の就活ハンドブック

大成建設の就活ハンドブック

清水建設の就活ハンドブック

資源・素材

旭旭化成グループの就活ハンドブック

東レの就活ハンドブック

ワコールの就活ハンドブック

関西電力の就活ハンドブック

日本製鉄の就活ハンドブック

中部電力の就活ハンドブック

九州電力の就活ハンドブック

自動車

トヨタ自動車の就活ハンドブック	デンソーの就活ハンドブック
本田技研工業の就活ハンドブック	日産自動車の就活ハンドブック

商　社

三菱商事の就活ハンドブック	伊藤忠商事の就活ハンドブック
住友商事の就活ハンドブック	双日の就活ハンドブック
丸紅の就活ハンドブック	豊田通商の就活ハンドブック
三井物産の就活ハンドブック	

情報通信・IT

NTT データの就活ハンドブック	サイバーエージェントの就活ハンドブック
NTT ドコモの就活ハンドブック	LINE ヤフーの就活ハンドブック
野村総合研究所の就活ハンドブック	SCSK の就活ハンドブック
日本電信電話の就活ハンドブック	富士ソフトの就活ハンドブック
KDDI の就活ハンドブック	日本オラクルの就活ハンドブック
ソフトバンクの就活ハンドブック	GMO インターネットグループ
楽天の就活ハンドブック	オービックの就活ハンドブック
mixi の就活ハンドブック	DTS の就活ハンドブック
グリーの就活ハンドブック	TIS の就活ハンドブック

食品・飲料

サントリー HD の就活ハンドブック	日本たばこ産業 の就活ハンドブック
味の素の就活ハンドブック	日清食品グループの就活ハンドブック
キリン HD の就活ハンドブック	山崎製パンの就活ハンドブック
アサヒグループ HD の就活ハンドブック	キユーピーの就活ハンドブック

生活用品

資生堂の就活ハンドブック	武田薬品工業の就活ハンドブック
花王の就活ハンドブック	

電気機器

三菱電機の就活ハンドブック

ダイキン工業の就活ハンドブック

ソニーの就活ハンドブック

日立製作所の就活ハンドブック

ＮＥＣの就活ハンドブック

富士フイルム HD の就活ハンドブック

パナソニックの就活ハンドブック

富士通の就活ハンドブック

キヤノンの就活ハンドブック

京セラの就活ハンドブック

オムロンの就活ハンドブック

キーエンスの就活ハンドブック

保　険

東京海上日動火災保険の就活ハンドブック

第一生命ホールディングスの就活ハンドブック

三井住友海上火災保険の就活ハンドブック

損保ジャパンの就活ハンドブック

メディア

日本印刷の就活ハンドブック

博報堂 DY の就活ハンドブック

TOPPAN ホールディングスの就活ハンドブック

エイベックスの就活ハンドブック

東宝の就活ハンドブック

流通・小売

ニトリ HD の就活ハンドブック

イオンの就活ハンドブック

ZOZO の就活ハンドブック

エンタメ・レジャー

オリエンタルランドの就活ハンドブック

アシックスの就活ハンドブック

バンダイナムコ HD の就活ハンドブック

コナミグループの就活ハンドブック

スクウェア・エニックス HD の就活ハンドブック

任天堂の就活ハンドブック

カプコンの就活ハンドブック

セガサミー HD の就活ハンドブック

タカラトミーの就活ハンドブック

▼会社別就活ハンドブックシリーズにつきましては，協同出版
のホームページからもご注文ができます。詳細は下記のサイ
トでご確認下さい。

https://kyodo-s.jp/examination_company